Wunibald Müller
Du sollst Leib und Seele ehren

Wunibald Müller

DU SOLLST LEIB UND SEELE EHREN

Für eine heilsame Spiritualität

Kösel

Verlagsgruppe Random House FSC-DEU-0100
Das für dieses Buch verwendete FSC®-zertifizierte Papier
Munken Premium Cream liefert Arctic Paper Munkedals AB, Schweden.

Copyright © 2011 Kösel-Verlag, München,
in der Verlagsgruppe Random House GmbH
Umschlag: WEISS WERKSTATT MÜNCHEN
Umschlagmotiv: © Illustration Weiss Werkstatt München
Druck und Bindung: GGP Media GmbH, Pößneck
Printed in Germany
ISBN 978-3-466-37019-1

Weitere Informationen zu diesem Buch und unserem gesamten lieferbaren
Programm finden Sie unter
www.koesel.de

Prolog

*Denn wenn es auch viele heiligmäßige Leute gibt,
die nicht gern getanzt haben,
so gibt es doch viele Heilige,
denen der Tanz ein Bedürfnis war,
so froh waren sie zu leben:
Die heilige Theresa mit ihren Kastagnetten,
Johannes vom Kreuz mit dem Jesuskind auf dem Arm
und Franziskus vor dem Papst.
Wenn wir wirklich Freude an dir hätten, o Herr,
wir könnten dieser Tanzlust nicht widerstehen,
die sich durch die Welt hin ergießt.
Und wir könnten sogar erraten,
welchen Tanz du getanzt haben willst,
indem wir uns den Schritten deiner
Vorsehung überließen.*

Madeleine Delbrel (2002)

INHALT

Vorwort 11

TEIL I
GANZHEITLICHE BETRACHTUNGSWEISE VON GESUNDHEIT

Heiligkeit und Gesundheit 14
    Möchtest du heilig werden? 14
    Heilig sein, meint ganz sein 15
    Heiligkeit ist Gesundheit 17
    Tanze den Tanz des Lebens 19

Ganzheitliche Medizin 23
    Den ganzen Menschen im Blick haben 23
    Wohlbefinden, Wellness und Gesundheit 25
    Traditionelle und alternative Ansätze 26
    Ganzheitlicher Ansatz in der Antike 28
    Die Gesundheit, ein Geheimnis 31

Ganzheitliche Spiritualität 33
    Eine Spiritualität ohne echten Bezug
        zur Lebenswirklichkeit 33
    Eine Spiritualität, die Himmel und Erde
        im Blick hat 36
    Das Mysterium findet im Hauptbahnhof statt 37
    Lieben und sich lieben lassen 39
    Gott durchlässig begegnen 42
    Wir sind als Kinder dieser Erde Kinder Gottes 44

**TEIL II
EINE SPIRITUALITÄT, DIE LEIB
UND SEELE WÜRDIGT**

Dich als Mensch mit Leib und Seele bejahen 50
 Den ganzen Menschen sehen 50
 Jede Spiritualität beginnt mit deinem Leib 52
 Dein Leib ist einem Tempel vergleichbar 53

Ehre deinen Leib 55
 Pflege deinen Leib 55
 Berühre und lasse dich berühren 57
 Begegne deinem Leib mit Respekt 58
 Depression – nimm die Signale deines Körpers
  ernst 59
 Bewege dich 62

Genieße 63
 Lasse Eros und Lust zu 63
 Übersieh nicht die Schattenseite des Eros 64
 Gönne dir erlaubte Freuden 66
 Lass dich im Genießen in die Gegenwart
  zurückbringen 66
 Sei dir bewusst: Jeder Bissen ist göttlich 68
 Sei achtsam beim Essen 71

Entspanne 75
 Folge dem Rhythmus deines Herzens 75
 Burn-out und Stress – verausgabe dich nicht! 78
 Spiele das Leben 83
 Liebe dich selbst 84
 Gönne dir genügend Schlaf 85
 Würdige deine Träume 89
 Du entscheidest, welche Spiritualität
  du pflegen willst 92
 Gib nicht auf 94

INHALT

Vorwort 11

TEIL I
GANZHEITLICHE BETRACHTUNGSWEISE VON GESUNDHEIT

Heiligkeit und Gesundheit 14
    Möchtest du heilig werden? 14
    Heilig sein, meint ganz sein 15
    Heiligkeit ist Gesundheit 17
    Tanze den Tanz des Lebens 19

Ganzheitliche Medizin 23
    Den ganzen Menschen im Blick haben 23
    Wohlbefinden, Wellness und Gesundheit 25
    Traditionelle und alternative Ansätze 26
    Ganzheitlicher Ansatz in der Antike 28
    Die Gesundheit, ein Geheimnis 31

Ganzheitliche Spiritualität 33
    Eine Spiritualität ohne echten Bezug
        zur Lebenswirklichkeit 33
    Eine Spiritualität, die Himmel und Erde
        im Blick hat 36
    Das Mysterium findet im Hauptbahnhof statt 37
    Lieben und sich lieben lassen 39
    Gott durchlässig begegnen 42
    Wir sind als Kinder dieser Erde Kinder Gottes 44

TEIL II
EINE SPIRITUALITÄT, DIE LEIB UND SEELE WÜRDIGT

Dich als Mensch mit Leib und Seele bejahen 50
   Den ganzen Menschen sehen 50
   Jede Spiritualität beginnt mit deinem Leib 52
   Dein Leib ist einem Tempel vergleichbar 53

Ehre deinen Leib 55
   Pflege deinen Leib 55
   Berühre und lasse dich berühren 57
   Begegne deinem Leib mit Respekt 58
   Depression – nimm die Signale deines Körpers
      ernst 59
   Bewege dich 62

Genieße 63
   Lasse Eros und Lust zu 63
   Übersieh nicht die Schattenseite des Eros 64
   Gönne dir erlaubte Freuden 66
   Lass dich im Genießen in die Gegenwart
      zurückbringen 66
   Sei dir bewusst: Jeder Bissen ist göttlich 68
   Sei achtsam beim Essen 71

Entspanne 75
   Folge dem Rhythmus deines Herzens 75
   Burn-out und Stress – verausgabe dich nicht! 78
   Spiele das Leben 83
   Liebe dich selbst 84
   Gönne dir genügend Schlaf 85
   Würdige deine Träume 89
   Du entscheidest, welche Spiritualität
      du pflegen willst 92
   Gib nicht auf 94

TEIL III
FÜR EINE HEILSAME SPIRITUALITÄT

Spiritualität als lebendige und heilende Kraft 98
Die heilende Wirkung spiritueller Praxis 98
Die heilende Wirkung von Gebet und Meditation 100
Die vielen Weisen zu beten 101

Der heilige Grund in dir 105
Vom geheimnisvollen Grund in dir 105
Die Person Nr. 2 106
»Der Ort, wo du stehst, ist heiliger Boden« 107
Der heilige Boden in dir bleibt unversehrt 108
Der heilige Gral 109
Das Allerheiligste in dir 110

Den heiligen Grund in dir pflegen 111
Den heiligen Grund in uns düngen 112
Den Sabbat heiligen 114
Der Welt des Unbewussten unsere Aufmerksamkeit schenken 118
Uns mit göttlicher Energie auftanken 119
Uns Zeiten der Stille und Ruhe gönnen 123

Aus dem heiligen Grund heraus leben 125
Aus deiner Tiefe heraus leben 126
Innehalten und dich selbst besuchen 130
Dein wahres Selbst leben 132
Im Augenblick leben 137
Mitten im Leben an das Grenzenlose angeschlossen sein 141
Wieder staunen und uns wundern können 145
Zu schön, um wahr zu sein? 148

Schwinge ein in den kosmischen Tanz 150
Heilig zu sein ist eine große Herausforderung 150

Unter allem Offensichtlichen wabert das
 eigentliche Leben 151
Gott spielt im Garten seiner Schöpfung 152
Tanze ausgelassen den kosmischen Tanz 154

Literatur 155

VORWORT

Immer mehr Menschen müssen sich wegen Depressionen oder Burn-out eine Auszeit nehmen oder ihren Beruf vor Erreichung des Rentenalters aufgeben. Immer mehr Menschen leiden an Einsamkeit, Sinnlosigkeit, Angst und Hoffnungslosigkeit. Die Gründe dafür sind vielschichtig. Ein wesentlicher Grund dafür ist nach meiner Überzeugung, dass Menschen sich heute immer weniger in einer spirituellen Welt beheimatet fühlen, die sich als wirklich haltgebend und stützend erweist, angesichts der zunehmenden Belastungen des Alltags und der Auseinandersetzung mit den existenziellen Fragestellungen unseres Lebens wie Tod, Leid, Krankheit und Alleinsein. Ein anderer Grund liegt in der sträflichen Vernachlässigung dessen, was uns am Nächsten ist – unser Leib und unsere Seele. Wie recht doch die haben, die meinen, der Weg zum Nahen ist immer der weiteste und schwerste.

Sich auf diesen Weg zum Nahen, zu unserem Leib und zu unserer Seele aufzumachen, will dieses Buch Mut machen. Es lädt dazu ein, unserem Leib und unserer Seele mit Respekt zu begegnen. Sich von Vorstellungen zu lösen, die dazu führen, dass wir rücksichtslos mit unserem Leib umgehen, die Regungen unserer Seele achtlos übergehen. Dabei unterstützt uns eine heilsame Spiritualität, die davon beseelt ist, dass wir gesund, ganz und in diesem Sinne heilig sind. Eine Spiritualität, die das ganze Leben umfasst und als solche über das Denken hinausgeht, die Enge mancher dogmatischen Aussagen sprengt, vor allem aber wirklich in alle Fasern unseres Seins und Lebens hineinzuwirken vermag. Es ist eine Spiritualität, die untrennbar zu uns gehört, also nicht angelernt ist oder uns aufgesetzt worden ist. Die zu uns gehört wie die Luft, die wir einatmen und ohne die wir nicht existieren könnten.

So versteht sich dieses Buch nicht weniger als eine Einladung, heilig zu werden. Sich zumindest auf den Weg zu machen und dabei vielleicht sogar zu erfahren, dass das nicht immer einfach ist, aber auch Spaß machen kann. Sehr viel verdanke ich bei der Arbeit an diesem Buch Richard J. Woods, der mich durch sein Buch *Wellness. Life, Health and Spirituality,* das ich »zufällig« in einer Buchhandlung in Dublin entdeckte, sehr inspiriert hat. Herrn Michael Kötzel vom Kösel-Verlag danke ich für seine zugleich zurückhaltende und beharrliche Begleitung des Projektes, Julia Sassenroth für die behutsame Lektorierung. Ich widme dieses Buch Winfried Nonhoff zu seinem 60. Geburtstag, dem es immer wieder gelang, mich mit seinem Optimismus anzustecken.

Wunibald Müller

Teil I

GANZHEITLICHE BETRACHTUNGSWEISE VON GESUNDHEIT

HEILIGKEIT UND GESUNDHEIT

Möchtest du heilig werden?

Möchtest du heilig sein oder zumindest heilig werden? Die Begeisterung wird sich vermutlich in Grenzen halten. Heilig sein, heilig werden – das klingt irgendwie verstaubt. Da fallen einem vielleicht gleich die Figuren von Heiligen ein, die uns Mitleid erweckend in altehrwürdigen Kirchen anblicken und uns dabei vielleicht voll Schrecken und Grauen an Ermahnungen aus Kindertagen erinnern: »So sollst du einmal werden!« Genauso aber wollen wir eben nicht sein oder werden: abgehärtet, entrückt wirkend, blutleer, lebensfremd usw.

So wird von manchen Heiligen berichtet, dass sie seufzend zum Essen gingen. Der hl. Alfons etwa dachte, wenn er sich zum Essen hinsetzte, nur an das Leiden der Seelen, die sich im Fegefeuer befanden, und mit Tränen in den Augen bestürmte er die heilige Jungfrau, die Kasteiungen anzunehmen, die er mit dem Essen auf sich nehme. Von der hl. de Monfort wird berichtet, dass sie zuweilen bitterlich weinte, wenn sie aß. Der hl. Augustinus spricht von der Schlinge der Begierde, die Essen und Trinken zu einem gefährlichen Vergnügen machen. Wen wundert es da, dass niemand ein Heiliger werden will. Dass es auch andere Heilige gibt, dafür ist die hl. Teresa von Avilla ein Beispiel. Sie bat darum, von sauertöpfischen Heiligen verschont zu werden (vgl. Ellsberg 2003, 6).

Andere wieder denken bei dem Wort »heilig« vielleicht an die heilige, katholische Kirche oder was auch immer im Zusammenhang mit Kirche oder auch darüber hinaus als heilig bezeichnet wird und sagen sich: »Danke, das ist nichts für mich!« Offensichtlich haben sich »Verkümmerungen und Verbiegungen leiblichen und seelischen Lebens« so sehr mit der Vorstellung des Heiligen verknüpft, dass man von einem, der so lebt »fast nur noch mit einem Lächeln sagen kann: ›Er ist ein Heiliger‹ – und damit seine Sonderbarkeit entschuldigen will« (Goldbrunner 1946, 12). Eben ein sonderbarer Heiliger. Wer aber möchte das schon sein?

Heilig zu sein oder heilig zu werden, scheint nicht länger attraktiv zu sein, nichts, das erstrebenswert ist. Ja, es wirkt eher verstaubt und museal. Frage ich dagegen jemanden: »Willst du gesund sein oder gesund werden?«, werde ich sicher sofort auf volle Zustimmung treffen. »Na, also, das ist doch keine Frage. Natürlich!« Wünschen wir jemanden etwas, zum Beispiel anlässlich seines Geburtstages, dann fehlen mit Recht nicht die besten Wünsche für die Gesundheit. »Danke, das ist ja das Wichtigste«, hören wir dann oft als Antwort.

Würden wir unseren Wünschen hinzufügen: »Ich wünsche dir, dass du heilig bleibst oder heilig wirst«, wird der Jubilar eher eigenartig berührt sein und nicht so richtig wissen, was er mit einem solchen Wunsch anfangen soll. Dabei handelt es sich im Grunde genommen um – fast – den gleichen Wunsch, wenn auch Gesundheit im Kontext von Heiligkeit noch einmal eine eigene Note erhält.

Heilig sein, meint ganz sein

Wenn ich hier von heilig spreche, dann denke ich zunächst an ein Verständnis von heilig, das heilig sein versteht als *ganz* sein. Die Aufforderung im Buch Genesis (17,1) im Alten Testament kann ich dann auch so verstehen: »Geh vor mir her und sei ganz!« Sei ganz Mensch – mit Leib und Seele, im

Wissen und in der Erfahrung, dass du Gott im Rücken hast, umfangen bist vom Heiligen.

Heilig bin ich, verhalte ich mich, werde ich, wenn ich ganz bin, »Ja« zum Leben sage, das Leben in und aus der Beziehung mit Gott heraus umarme. Wenn ich Lust am Leben und Eifer für das Leben habe. Bereit bin, mich mit allen meinen intellektuellen, emotionalen, sozialen und spirituellen Fähigkeiten und Begabungen auf das Abenteuer des Lebens einzulassen. Und das vom Anfang an bis zum Schluss. Dann lasse ich die Sorge für andere Menschen zu, fühle und leide mit ihnen, lache, bin traurig, freue mich an den guten und schönen Dinge des Lebens (vgl. Ellsberg 2003, 6). Sehr treffend beschreibt das der Prediger Salomons im Buch Kohelet (3,1.4–8):

>»*Alles hat seine Stunde.*
>*Für jedes Geschehen unter dem Himmel gibt es*
>*eine bestimmte Zeit:*
>*eine Zeit zum Weinen, eine Zeit für die Klage*
>*und eine Zeit für den Tanz;*
>*eine Zeit zum Steinewerfen*
>*und eine Zeit zum Steinesammeln,*
>*eine Zeit zum Umarmen*
>*und eine Zeit, die Umarmung zu lösen,*
>*eine Zeit zum Suchen und eine Zeit zum Verlieren,*
>*eine Zeit zum Behalten und eine Zeit zum Wegwerfen,*
>*eine Zeit zum Zerreißen*
>*und eine Zeit zum Zusammennähen,*
>*eine Zeit zum Schweigen und eine Zeit zum Reden,*
>*eine Zeit zum Lieben und eine Zeit zum Hassen,*
>*eine Zeit für den Krieg und eine Zeit für den Frieden.*«

Wenn du ganz bist, dann hält das Heilige Einzug in deinen Alltag, in dein Leben, in deine Welt. In die Welt. Das Heilige ist dann nicht länger fremd und dir gegenüber. Ist nicht länger nur das ganz Andere, das Ferne. Sondern es ist nah, bei dir. In dir. Ein solches Verständnis von heilig entfernt sich nicht von seiner religiösen Grundbedeutung, sondern weitet sie.

Heiligkeit ist Gesundheit

Vor allem aber tritt heilig zu sein nicht in Konkurrenz zu gesund sein, stellt schon gar nicht einen Gegensatz dazu dar. Wer heilig sein oder heilig werden will, muss und darf dafür nicht seine Gesundheit opfern. Vielmehr trägt er zu seiner Heiligkeit bei, indem er an seiner Gesundheit interessiert ist, seinen Leib und seine Seele ehrt. So meint denn auch der inzwischen verstorbene Pastoraltheologe Josef Goldbrunner in einem Vortrag mit dem Titel *Heiligkeit und Gesundheit* (Goldbrunner 1946, 9): »Der heilige Gott ist blühendes, strömendes Leben. Er ist heil, in ihm ist kein Makel der Krankheit (und nicht das Gift des Todes). In Gott ist unser Heil, in seiner Nähe werden wir geheilt an Leib und Seele. Streben nach gottgleichem Leben schafft Heil. Je mehr das Bemühen um Vollkommenheit Gott ähnlich ist, also heilig macht, umso mehr müssten wir gesunden an Leib und Seele: *Heiligkeit ist Gesundheit*«.

Das ist die besondere Note, die auftaucht, wenn *gesund sein* mit *heilig sein* in Verbindung gebracht wird. Sie macht darauf aufmerksam, dass Gesundheit auch eine geistliche Dimension hat: »In Gott ist unser Heil, in seiner Nähe werden wir geheilt an Leib und Seele.« Die geistliche Dimension stellt eine zusätzliche Bereicherung dar. Sie will dazu beitragen, dass wir unseren Leib, unsere Psyche, unsere Seele als Verbündete verstehen, die auf ihre je eigene Weise zu unserem Wohl beitragen wollen. Sie fordert uns auf »ganz zu sein« mit Gott im Rücken. Wenn wir das tun, befinden wir uns auf dem Weg zur Heiligkeit.

Die Aufgabe der geistlichen Dimension unterscheidet sich damit von Vorstellungen, die sie als Gegenkraft zu Körper, Psyche und den Kräften, die mit ihnen verbunden werden, sehen. Die geistliche Dimension und Heiligkeit werden nicht gleichgesetzt mit einer Lebensauffassung, die auf die Abtötung des Leibes und seiner Bedürfnisse und die Beschneidung der psychischen Wünsche abzielt. Solange Heiligkeit jedoch als Abtötung unserer leiblichen und psychischen Bedürfnisse verstanden wird, kann der Weg zur Heiligkeit tatsächlich in die Krankheit führen. Dann trifft die Aussage zu: »Heiligkeit bringt den Leib in die Krise, *macht krank!*« (Goldbrunner 1946, 9). Tatsache ist, dass viele Männer und Frauen, um heilig zu werden, dem Leben entsagt und ihren Leib geschunden haben. Doch Heiligkeit ist auf Gesundheit aus. Das schließt nicht aus, dass es auch in der Krankheit eine Heiligkeit gibt. Ja, ein gesunder Umgang mit unserer Krankheit als Ausdruck unserer Heiligkeit gesehen werden kann. Auch bewahrt uns Heiligkeit nicht vor Krankheit. Krankheit stellt eine Wirklichkeit in unserem Leben dar, der wir nicht entrinnen können. Heiligkeit kann uns helfen, unsere Krankheit besser zu ertragen, in ihr gegebenenfalls auch einen Sinn zu sehen. Auch kann uns die Erfahrung von Leid und Dunkelheit näher zu Gott bringen. Heiligkeit zeigt sich so gesehen auch im gesunden Umgang mit unserer Krankheit, unserer Endlichkeit, unserem Sterben und Tod. Sie gehören zu unserer Ganzheit. Blenden wir sie aus, verstümmeln wir uns, sind wir nicht länger heilig, ganz, gesund.

Wir wissen um unsere menschliche Gebrechlichkeit, um Krankheit, Leid und Tod, die zum ganzen Leben und damit zu unserer Heiligkeit gehören. Doch es ist unsere Aufgabe, das zu unterstützen, zu hegen und zu pflegen, was zu unserer Lebendigkeit, zu unserer Gesundheit, zu einem Leben in Fülle beiträgt und nicht das, was uns davon wegführt. »Die Ehre Gottes ist der lebendige Mensch«, sagt Irenäus von Lyon. Heiligkeit ist davon beseelt, uns ganz zu machen, zu unserer Gesundheit beizutragen. Daraus ergibt sich, dass wir achtsam, liebevoll mit uns umgehen. Unseren Leib und unsere Seele heiligen und ehren.

Auch manche Heilige haben das erst lernen müssen. Es ist die gleiche hl. Hildegard, die einmal meinte: »Gottes Wohnung pflegt nicht in einem gesunden Leib zu sein«, uns aber auch dazu auffordert: »Tu deinem Leib Gutes, damit die Seele darin baumeln kann«. Und Franz von Assisi bekennt, als es zu spät war: »Ich war zu hart gegen Bruder Esel.« Aus dem Bruder Esel war inzwischen »Bruder Leib« geworden (vgl. Goldbrunner 1949, 16).

Tanze den Tanz des Lebens

Um gesund zu bleiben, heilig zu sein und zu werden, musst du dich immer wieder darauf besinnen, was es meint, ganz zu sein mit Gott im Rücken. Dann aber kann es geschehen, dass du einfach der Aufforderung »Geh vor mir her und sei ganz« nachkommst und dich ohne langes Überlegen dem Tanz des Lebens überlässt, der dich erhebt aus dem Trott des Alltags, dem Festgelegten. Der verhindert, dass du dein Leben total reduzierst, da etwas abschneidest, dort etwas wegdrückst – bis du am Ende in die paar Bretter eingesperrt bist, die deinen Sarg ausmachen. Die letzte Ruhestätte. Und das war es dann.

Überlässt du dich mitten im Leben, mitten im Alltag dem Tanz des Lebens, dann wagst du vielleicht ein Lächeln, traust dir eine Berührung zu. Sprichst ein »Guten Tag« oder »Grüß Gott« aus, lässt einen Gedanken oder eine Sehnsucht zu, Verhaltensweisen, die du dir vielleicht sonst versagen würdest. Du lässt das Leben in dir sprudeln, lebst von deinem eigentlichen, ursprünglichen Leben her. Vor allem aber – lebst du – nach deinem Rhythmus, und wirst nicht gelebt nach einem von außen vorgegebenen Rhythmus, der dir mit der Zeit die Freude am Leben nimmt, dich krank macht.

Viele tanzen schon lange nicht mehr den Tanz des Lebens. Sie müssen sich nicht wundern, dass sie krank sind oder dabei sind, krank zu werden. Ist es da nicht einen Versuch wert, sich auf die Einladung einzulassen, heilig zu werden, Leib und Seele zu ehren, ganz zu sein und zu werden mit Gott im Rücken?

Also: »Willst du heilig werden?« Ich kenne bei mir selbst tausend Gründe und Einwände, die dagegen sprechen. Tausend gesellschaftliche, kirchliche Begrenzungen usw., die das vereiteln können. Dir wird es ähnlich ergehen. Doch noch einmal: »Willst du heilig, ganz, gesund werden?« Das aber heißt, dass du das, was das Leben ach, was sage ich, Gott, dir zugesagt und zugedacht hat, wirklich lebst, ursprünglich lebst, das Leben spürst, den kosmischen Tanz tanzt! Und: Hand aufs Herz, tust du alles, was in deiner Macht steht, bei allem, was es schwer macht – um wirklich zu leben, ganz zu sein, heilig zu werden?

Wenn du gesund, heilig werden willst, musst du dich dafür entscheiden. Du musst etwas dafür tun. Du kannst nicht einfach die Hände in den Schoß legen und darauf warten, dass das ein anderer für dich erledigt. Und so wichtig es ist, auch körperliche Krankheit und seelische Not als Teil des ganzen Lebens zu akzeptieren, gilt es, das Leben, die Gesundheit zu umarmen, alle Kräfte zu mobilisieren, die ihren Beitrag dazu leisten können, gesund und heilig zu sein und zu werden. »Denn wo euer Schatz ist, da ist auch euer Herz«, heißt es bei Lukas (12,34) im Neuen Testament. Es hängt von dir ab, ob du gesund, ganz, heilig wirst oder krank. Wofür du dich entscheidest.

Dabei darfst du darauf vertrauen, dass es eine höhere Macht gibt: Gott, der in allem und hinter allem wirkt. Das entbindet dich nicht von eigenen Anstrengungen, das erlaubt nicht, auf psychologisches und medizinisches Wissen und Können zu verzichten, um gesund, ganz, heilig zu werden. Es meint, dass es eine Macht und Kraft gibt, die größer und mächtiger ist als alle unsere persönlichen und wissenschaftlichen Bemühungen, der wir uns überlassen dürfen und überlassen müssen, wollen wir ganz, heilig werden.

Auch wenn alles anscheinend gegen den Strich läuft, dir Ungemach begegnet, du krank wirst, leiden musst, Verzicht erfährst, gerade dann kannst du dich baden im Fluss des ursprünglichen Lebens, dessen Fließen du dich überlässt. Fällst du ein in den Tanz der ächzenden Schöpfung, in den Reigen von Leben, Tod und Auferstehung, dich der Unaufhaltsamkeit des von Ewigkeiten her bestimmten Prozesses überlassend, überlässt du dich dem Ewigen, Gott. Dann tanzt du mit ihm den kosmischen Tanz, der Aufbegehren, Trauer, Verzweiflung, Todeskampf und schließlich Ergebung kennt. Den Tanz, bei dem der dich unsichtbar führt und hält, der von Ewigkeit und zu Ewigkeit hin den Takt dieses Tanzes bestimmt. »Wer sich einmal dem Schicksal überlassen hat, der ist befreit« (Hermann Hesse).

Ich denke an den Oberarzt, der demütig sagt: »Es liegt in Gottes Händen, wann Ihre Mutter stirbt. Wir haben das Unsere getan und tun es, alles Weitere müssen wir ihm überlassen.« Oder ich denke an den Vater, der nach dem Fliegerangriff mit seiner Familie den Bunker verlässt und angesichts seines in Trümmern liegenden Hauses mit den Worten Hiobs (1,21) sagt: »Der Herr hat's gegeben, der Herr hat's genommen; der Name des Herrn sei gelobt!« Es ist eine Einstellung, die dich nicht die Hände in den Schoß legen lässt, die zugleich aber auch all dein Tun und Bemühen einordnet in etwas, das größer, mächtiger ist, dadurch aber deine Anstrengungen nicht überflüssig macht, sondern sie mit Gelassenheit paart. Es ist die Offenheit für das Geheimnisvolle, die Offenheit für das Wirken einer geheimnisvollen Macht, von der eine Gelassenheit und schließlich auch Zuversicht ausgeht, die sich heilend auf dein Leben und damit auf deine Gesundheit auswirkt.

In dieser Einstellung kannst du sprechen:

Ich hebe meine Augen auf zu den Bergen
Von welchen mir Hilfe kommt.
Meine Hilfe kommt vom Herrn,
der Himmel und Erde gemacht hat.
Er wird deinen Fuß nicht gleiten lassen;
der dich behütet, schläft nicht.
Siehe, der Hüter Israels schläft noch schlummert nicht.
Du behütest mich;
du bist mein Schatten über meiner rechten Hand,
dass mich des Tages die Sonne nicht steche
noch der Mond des Nachts.
Du behütest mich vor allem Übel,
du behütest meine Seele;
du behütest meinen Ausgang
und Eingang von nun an bis in Ewigkeit.
Nach Psalm 121,1–8

GANZHEITLICHE MEDIZIN

Den ganzen Menschen im Blick haben

Heilig sein meint ganz sein, auch im Sinne von: den ganzen Menschen im Blick haben. Uns selbst nicht auseinandernehmen oder von anderen auseinandernehmen lassen. Uns nicht aufzuteilen in Körper, Geist, Seele, weltlich, seelisch, geistlich, Sexualität, Spiritualität, Sehnsüchte, Triebe usw. Wir finden dabei Unterstützung durch neuere Ansätze, die den ganzen Menschen in den Blick nehmen, ganzheitlich ausgerichtet sind und damit ein breiteres Verständnis von Heiligkeit und Gesundheit fördern. Sie beziehen die ganze Person ein, ihr Handeln, ihre Einstellungen, ihre Gefühle, ihre Gedanken, ihre Beziehungen, ihre Hoffnungen und Ziele. Sie gehen davon aus, dass sich eine Person, die gesund ist, in Harmonie befindet mit allem, was sie als Person, zu der Geist, Seele und Körper gehören, ausmacht. Das aber erfordert, dass wir allen diesen Dimensionen unsere Aufmerksamkeit schenken und nicht nur den Körper oder die Seele im Blick haben.

Wenn ich einen Leistenbruch habe, bin ich dankbar dafür, dass es gute Chirurgen gibt, die durch einen operativen Eingriff meinen körperlichen Schaden beseitigen. Mir ist wichtig, dass ich ihnen vertrauen kann, sie ihr Handwerkszeug beherrschen. Ich bin dankbar für die schmerzstillenden Medikamente, die mir verabreicht werden. Ich käme niemals auf die Idee, anstelle des Arztes einen Heiler oder Gesundbeter aufzusuchen, in der Erwartung, dass sie meinen Leistenbruch heilen. Damit mein Leistenbruch ordentlich behandelt wird, muss ich zum Arzt gehen. Sein Eingriff trägt entscheidend dazu bei, dass ich damit keine Probleme mehr haben werde.

Um wieder gesund zu werden, um geheilt zu werden, bedarf es aber mehr. Es geht dabei um mehr als die Beseitigung meiner körperlichen Probleme, die sich aus dem Leistenbruch ergeben. So mag es mir zu schaffen machen, mich einem solchen Eingriff aussetzen zu müssen, akzeptieren zu müssen, dass andere sich an meinem Körper zu schaffen machen, ja ihn, in guter Absicht, verletzen. Ich mag mir Vorwürfe darüber machen, durch zu schweres Tragen den Leistenbruch verursacht zu haben, mich hart damit tun, zugestehen zu müssen, dass ich älter geworden, weniger belastbar bin. Ich mag mit Gott hadern, der mich nicht damit verschont hat. Da ich im Krankenhaus bin und mich auch einige Tage danach schonen muss, sehe ich mich gezwungen, wichtige Termine zu stornieren, um dabei vielleicht die für mich nicht so erfreuliche Erfahrung zu machen, dass es auch ohne mich gut geht.

Bei einem ganzheitlichen Ansatz werden darüber hinaus weitere Elemente berücksichtigt, die für einen erfolgreichen Heilungsvorgang von Bedeutung sein können. Da ist der Chirurg, der mir die Angst nimmt, indem er mir alles, was bei dem Eingriff geschehen wird, genau erklärt und Zuversicht ausstrahlt. Der Krankenpfleger, der die letzten Verrichtungen unmittelbar vor der Operation vornimmt, mir zulächelt und behutsam und beruhigend für einen Moment seine Hand auf meinem Oberarm ruhen lässt. Da ist meine Frau oder Partnerin, die mit ins Krankenhaus geht, die da ist, wenn ich aus der Narkose aufwache, später nochmals mit den Kindern auftaucht. Einfach, um da zu sein. Zu sagen mit und ohne Worte: Ich, wir lieben dich. Wir sind bei dir. Du bist nicht allein.

Wenn ich ein religiöser Mensch bin, mag ich kurz vor der Operation ein Gebet sprechen. Mich ganz bewusst der Liebe

Gottes überlassen, mein Schicksal in Gottes Hände legen. Mag mich die tiefe Gewissheit erfüllen, Gott ist da, bei mir, in diesem Moment. Ich verbinde vielleicht mein Gebet mit der Bitte, dass alles gut geht. Vor einer schweren Operation, deren Ausgang ungewiss ist, findet vielleicht auch ein Gespräch mit einem Seelsorger statt, verbunden mit der Krankensalbung, einem Gebet, einer Berührung.

Sicher gibt es noch viele andere Erfahrungen, Begegnungen, Einflüsse, die sich entsprechend positiv oder negativ auf unsere Gesundheit und den Heilungsprozess auswirken. Sie alle sind wichtig, ohne jedoch den medizinische Eingriff ersetzen zu können oder zu müssen. Es geht nicht darum, das eine gegen das andere auszuspielen, sondern den Blick zu weiten, um den ganzen Menschen zu sehen und die vielen direkten und indirekten Einflüsse zu beachten und zu nutzen, die für den Heilungsprozess und damit für unsere Gesundheit und unser Wohlbefinden förderlich sind.

Wohlbefinden, Wellness und Gesundheit

Jetzt habe ich den Begriff eingeführt, der im Zusammenhang mit ganzheitlichem Denken in den letzten Jahren oder man kann fast schon sagen Jahrzehnten, vor allem wenn man die Entwicklungen in den USA miteinbezieht, immer wieder genannt wird: Wohlbefinden beziehungsweise Wellness. Der heute so oft gebrauchte Begriff *Wellness*, der unter anderem mit Sauna, Massagen und Düften in Zusammenhang gebracht wird, taucht etwa in der Mitte des 17. Jahrhunderts zum ersten Mal auf. Er meint zunächst, so der Dominikanerpater und Theologieprofessor Richard J. Woods in seinem Buch *Wellness: Life, Health and Spirituality* (vgl. Woods 2008, 9 f.), an dem ich mich in den folgenden Ausführungen orientiere, *sich grundsätzlich wohlfühlen* oder auch *Gesundheit*. *Well* kann mit *gut, zufriedenstellend* oder *richtig* übersetzt werden, das Gegenteil dazu *ill*, mit *schlecht, gefährlich*. Das Hauptwort *illness* meint im Unterschied zu *wellness* Krankheit des Geistes, der Gefühle, des Körpers, aber auch Störung im Miteinander. Hier deutet sich auch ein ganzheitliches Verständnis von Krankheit an, bei dem, so Richard J. Woods, körperliche Krankheiten, geistige und emotionale Probleme, spirituelles Unwohlsein und soziale Probleme, von ehelichen Schwierigkeiten bis hin zu nuklearen Kriegen, Facetten einer untergründigen und systematischen Disharmonie sind. Je mehr wir in der Lage sind, diese Disharmonie auszubalancieren, desto positiver wirkt sich das auf unsere Gesundheit, unsere Wellness aus.

Traditionelle und alternative Ansätze

Alte und neuere integrative Ansätze – aus China, Tibet, Ägypten und Griechenland –, die Krankheit als eine Unausgeglichenheit der Gesamtperson verstehen, etwa wenn eine Person nicht mehr die Verbundenheit mit dem Universum empfindet oder Körper, Geist, Verstand, Gefühle, soziale Beziehungen sich in Disharmonie miteinander befinden, gewinnen im medizinischen Bereich an Einfluss. Nur ein einziges Symptom zu behandeln, trägt bei einem solchen Ansatz nicht wirklich zur Heilung bei.

Ein solches ganzheitliches Verständnis von Heilung oder Gesundung finden wir zum Beispiel bei der Homöopathie, die sich als die traditionelle Medizin ergänzende oder alternative Medizin versteht. Sie sieht die Ursachen einer Krankheit unter anderem in emotionalen, psychischen oder spirituellen Stresssituationen, die unseren Körper schwächen.

Die gängige Medizin geht im Unterschied dazu davon aus, dass Krankheiten zunächst von außen her verursacht werden, also auf Bakterien, Viren, Giften und Verletzungen, die dem Körper zugefügt werden, zurückzuführen sind. Interne Faktoren, die für eine Krankheit verantwortlich gemacht werden, können nach ihrem Verständnis genetische Vererbung, Mutation, durch Geburt bedingte Defekte usw. sein. Beide Ansätze, die einer alternativen Medizin sowie die der traditionellen, sind nach Auffassung von Richard J. Woods zum Teil richtig, aber unvollständig.

Eine integrative Medizin bedenkt die ganze Situation des kranken Menschen, seine soziale Situation und die emotionalen, die geistigen und spirituelle Faktoren, die dabei eine Rolle spielen. So ist es das Ziel von Ayurveda, das man mit »Wissen über das gesunde Leben« übersetzen kann, eine angemessene Balance zwischen Körper, Geist und Seele zu erhalten oder wieder herzustellen. Yoga, das unter anderem sensibler machen soll richtig zu atmen, Massagen, die Einnahme von bestimmten Kräutern, sind in den westlichen Ländern als weit verbreitete Praxis von Ayurveda bekannt.

Die alternative Medizin geht weiter davon aus, dass es neben mehr körperbezogener Hilfe in Form von Medikamenten, antiseptischen Maßnahmen und Bettruhe auch emotionaler, psychologischer und spiritueller Unterstützung bedarf, um Krankheiten und Verletzungen vermeiden bzw. mit ihnen leben zu können, einschließlich Infektionskrankheiten oder überlegt vorgenommene körperliche Verletzungen wie operative Eingriffe. Die emotionalen und spirituellen Hilfeleistungen tragen zur Erholung bei und spielen bei der Aufrechterhaltung des Immunsystems eine große Rolle. Echtes Heilen, so die Vorstellung, die dahinter steht, geschieht vornehmlich von innen heraus. Medizinische Kunst entfernt

Hindernisse und schafft optimale Bedingungen für die Wiederherstellung. In sich selbst heilt sie aber nicht. Es ist die Natur, die heilt.

Für den, der die Schöpfung als Gottes Werk versteht, ist es auch Gott, der durch die Natur heilt. Wo immer Heilung geschieht, sieht er daher auch Gott am Wirken, wird er mit dem Heiligen konfrontiert. »Rationale Erklärungen können keine Antwort darauf geben, warum manche Menschen leiden müssen, manche geheilt werden, andere wieder trotz bester Pflege nicht gesund werden. Wenn Heilung geschieht, versetzt uns das in Staunen, im Bewusstsein, dass wir beim Heilungsprozess zwar mitbeteiligt sind, er aber nicht allein von unserem Tun abhängig ist. Dieses Geheimnis, das wir Gott nennen, ist während unserer Reise, ganz zu werden, anwesend und es ist zugleich unser Ziel. ... Gott ist gegenwärtig in jeder Person, unter uns, um uns. Unsere Aufgabe ist es mit dem göttlichen Funken in uns, in anderen Personen, in der Natur, in der Technik, in den Humanwissenschaften in Berührung zu sein. Wenn wir mit dem Heiligen in Berührung sind, reagieren wir wie selbstverständlich naturgemäß fürsorglich, aus einer Haltung heraus, die von Ehrfurcht bestimmt ist« (Elaine V. Emeth/Janet H. Greenhut 1991, 7).

Ganzheitlicher Ansatz in der Antike

Ein Blick in die Geschichte zeigt uns, dass es Zeiten gab, in denen ein ganzheitliches Denken, bei dem von einer Einheit des Leibes, der Seele und der Psyche ausgegangen wird, bereits vorhanden war. So bestand Hippokrates darauf, Menschen ganzheitlich zu behandeln. Das schloss für ihn die Berücksichtigung der sozialen Situation mit ein. Die medizinische, psychologische und spirituelle Kompetenz wurde oft in einer Person gebündelt. So zählte im antiken Ägypten, China, Indien, Palästina und Griechenland die medizinische Versorgung zum Aufgabenbereich der priesterlichen Klasse. Die Kranken, Schwachen, Verletzten wurden zum Tempel gebracht, um dort behandelt zu werden und sich zu erholen. Die Ärzte und Therapeuten, die in Ägypten an einem Tempel angesiedelt waren, behandelten nicht nur die Körper, sondern auch die Seelen der Menschen, die zu ihnen kamen. Diese Ärzte und Ärztinnen verbrachten viel Zeit mit Kontemplation, gemeinsamen Gottesdiensten und Mahlzeiten.

Im antiken Griechenland spielte Asklepios, der Gott der Heilung, eine besondere Rolle. Im 3. Jahrhundert vor Christus hätte sich dem Besucher des Asklepieion von Epidauros, in der Antike einfach das Heiligtum genannt, dem Ort, an dem Asklepius verehrt wurde, folgendes Bild geboten (vgl. Krug 1993, 130ff.):

Der Pilger näherte sich vom Norden her dem Heiligtum. Der heilige Bezirk war nicht von einer Mauer umgeben, sondern nur von Grenzsteinen, um die Umgrenzung nicht zu verletzen. Der Eingang war durch ein monumentales Torgebäude hervorgehoben. Vielleicht war dort weithin sichtbar die Inschrift angebracht: »Rein muss sein, wer in den duftenden Tempel tritt, rein sein ist aber, heilige Gedanken zu haben.« Eine Ansammlung von Gebäuden bezeichnete den eigentlichen heiligen Bezirk. Sie umgaben den Tempel von allen Seiten. Bevor der Besucher den Tempel erreichte, passierte er einen Brunnen, der das Heiligtum mit Wasser für die Reinigung versorgte. Der Weg endete zunächst auf dem freien Platz vor dem Tempel, der Pilger hatte Muse, sich umzuschauen. Der Tempel selbst war nicht groß und beherbergte das goldelfenbeinerne Bild des Asklepios.

Vor dem Tempel lag ein lang gestreckter Altar, wo dem Gott zunächst ein kleines Opfer, Honigkuchen oder Ähnliches darzubringen war. Nach dem Opfer konnte der Besucher seinen Weg durch das Heiligtum fortsetzen. Da es mit Votivgaben früherer Besucher, mit Inschriften und Statuen geradezu übersät war, hatte der Pilger Gelegenheit, sich mit den Leiden und der wunderbaren Heilung anderer Besucher, die vor ihm da waren, zu befassen und sich innerlich auf das vorzubereiten, was ihm bevorstand. Gegen Abend geleiteten die Priester den Patienten zu den Liegeräumen. Dort legte sich der Patient auf ein Lager auf dem Boden. Viele mussten mehrere Nächte dort verbringen, bis sich der Erfolg einstellte. Die Priester löschten die Lichter, ermahnten die Patienten zur Ruhe und ließen sie dann allein. Erschöpft von der langen Reise, den Kopf voll von Bildern und Erzählungen, die sie im heiligen Bezirk aufgenommen hatten, und aufgeregt vor Erwartung fielen sie irgendwann in Schlaf. Nur so, im Schlaf, geschahen in Epidauros die Heilungen: Der Gott kam in Person, schön und milde von Angesicht, begleitet von seinen heiligen Gehilfen und Tieren. Er ging von Lager zu Lager und fragte nach den Leiden. Dann heilte er, durch Berührung mit der Hand, durch eine Operation, Medikamente und Anweisungen, die er dem Kranken gab und die er tags darauf auszuführen hatte.

»Die Bereitschaft und der Wille des Kranken, sich heilen zu lassen, gehören wie in der Psychotherapie zu den eigenen Leistungen, die er gegenüber Asklepios zu erbringen hat«, berichtet Antje Krug (1993, 136) weiter. »Wer ihm Unglauben entgegenbrachte und über die Berichte spottete, dem verweigerte er die Hilfe oder strafte ihn sogar.« Die leichte Berührung ist fast schon das Äußerste an ›Wunderbarem‹, was in Asklepieion geschieht. »Der Gott hilft allein durch die

Macht seiner Gegenwart, was ihm kein Sterblicher nachmachen kann. In den meisten Fällen aber verfährt er so, wie es die Kranken von den Ärzten gewohnt waren: Asklepios fragt seinen Patienten nach seinem Leiden, untersucht ihn, operiert oder behandelt ihn auf andere Weise, gibt ihm ein Medikament und Anweisungen, wie er sich später verhalten solle. Und zu guter Letzt präsentiert er noch die Rechnung« (137). Zur Behandlung gehören neben der Operation auch Medikamente sowie Öl, Honig, Kräuter. »In den Anweisungen für Bäder und Gymnastik, für Diät, Getränke, Pflaster- und Kräutergebrauch sind deutliche Reflexe der zeitgenössischen Therapie zu erkennen, wenn auch durch die Einkleidung in die Traumanweisungen leicht verfremdet« (141).

Die Gesundheit, ein Geheimnis

Im antiken Griechenland haben die von Homer beschriebenen Ärzte nur Wunden behandelt. Bei der Wunde war die Ursache erkennbar »als äußere Gewalt, die Gewebe und Knochen zerstört und Blut fließen lässt« (Krug 1993, 51). Alle anderen Krankheiten, deren Ursachen als im Verborgenen liegend gesehen wurden bzw. als von den Göttern gesandt betrachtet wurden, vermochten nur, so die Vorstellung, die Götter zu heilen. Es vergingen Jahrhunderte, bis auch diese Erkrankungen als etwas Natürliches erachtet wurden. So riefen noch im 7. Jahrhundert vor Christus die Athener den kretischen Seher Epimenides zu Hilfe, um die Stadt von einer pestartigen Krankheit zu heilen.

Wir wissen heute, dass die Mehrheit der Krankheiten durch Mikroorganismen, Bakterien zustande kommt. Wir schätzen die Erkenntnisse der Medizin, die vielfältigen technischen Errungenschaften im medizinischen Bereich, die unzähligen kranken Menschen geholfen haben. Und doch bleibt manchmal das vage aber doch irgendwo immer wieder durchscheinende Gefühl, dass uns etwas verloren gegangen ist, uns etwas fehlt, wenn wir krank sind. Zum einen ist es menschliche Zuwendung, zum andern die Offenheit für das Geheimnisvolle, das Einbeziehen der spirituellen Dimension. Spiritualität steht hinter einer Position, die an die Wirkkraft der Natur glaubt. »Gnade vervollständigt Natur, sie zerstört sie nicht«, sagt der große Kirchenlehrer Thomas von Aquin. Die Spiritualität unterstützt die psychologischen und medizinischen Bemühungen, will sie nicht ersetzen. Schon gar nicht versteht sie sich als Gegenkraft dazu. Auch Jesus unterstützt die Ärzte seiner Zeit, vertraut ihrer Heilkunst. Den Leprakranken sagt Jesus: »Geht und zeigt euch den Priestern.« Allein die Priester konnten angemessen untersuchen und wichtige Aussagen über solche Hautkrankheiten machen (vgl. Lukas 17,14).

Wir müssen nicht zurückfallen in antikes Denken. Wir wissen die medizinischen Erkenntnisse und Fortschritte zu würdigen, sind dankbar dafür. Allein das kann und darf nicht dazu führen, dass wir die menschliche, die zwischenmenschliche und dann auch die göttliche, die spirituelle Dimension außer Acht lassen. Außer Acht lassen, dass sie heilend auf unsere Situation einwirken und unseren Heilungsprozess verstärken kann. Dass sie uns helfen kann, innerlich mit unserer Situation besser zurechtzukommen.

Auch Jesus wird im Neuen Testament als Heiler dargestellt. »Steh uns bei, Christus, du unser einziger Arzt!«, heißt es in einem altkirchlichen Gebetsruf (vgl. Gollwitzer-Voll 2003). Er praktizierte einfache Volksheilungen wie das Vermischen von Spucke mit Staub. Diese Mischung wurde dann auf die Augen gelegt.

So können wir von der Antike doch auch wieder lernen. Denn für die Griechen ist die Gesundheit ein Geheimnis, »eine göttliche Kraft, die in jedem Menschen aus sich heraus wirkt. Sie ist störbar, die Gesundheit, durch Krankheiten, die man mithilfe der Medizin bekämpfen kann, aber das, was dann wieder die Herrschaft übernimmt, wenn die Krankheit besiegt ist, die Gesundheit, die können wir weder herstellen und machen, noch eigentlich feststellen und wissen. Sie ist verborgen wie alles Wichtige im Leben. Wir können ihr Raum geben, sie beobachten, ehren und den Göttern für sie danken. Macht über die Gesundheit aber hat niemand, auch nicht die Medizin« (Lütz 2002, 21).

GANZHEITLICHE SPIRITUALITÄT

Eine Spiritualität ohne echten Bezug zur Lebenswirklichkeit

Nachdem ich einen Blick auf antike und neuere ganzheitliche Ansätze in der Medizin geworfen habe und dabei auch die Rolle und Bedeutung der Spiritualität gestreift habe, will ich jetzt mein Augenmerk auf die Spiritualität richten und aufzeigen, wo ich bei ihr einen ganzheitlichen Ansatz entdecken kann beziehungsweise mir ein solcher Ansatz als notwendig erscheint. Dabei muss man zunächst nüchtern feststellen, dass der Spiritualität, vornehmlich der Spiritualität im kirchlichen Kontext, wie das für eine lange Zeit im medizinischen Bereich der Fall war und zum Teil noch der Fall ist, größtenteils ein ganzheitlicher Ansatz fehlt.

Genauso wie die Medizin sich vornehmlich auf die Linderung bestimmter Symptome konzentrierte, nicht zuletzt auch begünstigt durch die zunehmende Spezialisierung, und dabei den Blick auf die Heilung des ganzen Menschen verlor, konzentrierte und konzentriert sich, so Richard J. Woods (2008, 20), die eher konventionelle Spiritualität auf bestimmte, isolierte Bereiche des Lebens, statt die Erfahrung und die Buntheit des ganzen Lebens mit einzubeziehen. Was nicht in die vorgegebenen engen Kategorien passte, wurde ignoriert oder abgewertet. Das Ergebnis ist eine Spiritualität, die unvollständig bleibt, nicht selten abgrenzend negativ, klerikal daherkommt und oft ohne echten Bezug zu unserer Lebenswirklichkeit bleibt.

Wenn wir nach einer ganzheitlichen Spiritualität suchen oder eine ganzheitliche Spiritualität entwickeln wollen, müssen wir zunächst bedenken, dass Spiritualität nicht etwas ist, über das eine bestimmte Religion oder Kirche allein verfügen kann. In den Religionen und Kirchen spielt Spiritualität eine zentrale Rolle und manchmal erwecken Kirchen auch den Eindruck, als sei das allein ihre Angelegenheit. Spiritualität als Offenheit für das Transzendente, das ganz Andere, als Art und Weise, in Beziehung mit einer höheren Macht zu treten, als menschliche Antwort auf die lebendige Gegenwart Gottes, als Erfahrung des Grenzenlosen mitten in unserem gegenwärtigen Leben, das alles ist nicht notwendigerweise mit einer Religion oder Kirche in Verbindung zu bringen. Es kann und sollte natürlich entsprechend eingefärbt von der Lehre und der Tradition der jeweiligen Religion oder Kirche auch dort möglich sein und gelebt werden. Die Kirchen, denen wir angehören, sollten eine

Spiritualität unterstützen, die eine lebendige Beziehung zu Gott fördert. Eine Spiritualität, die – und das ist ja eine ihrer vornehmsten Aufgaben – dazu beiträgt, das Heilige in unserem Leben und in unserem Alltag zu erfahren.

Das erleben viele Angehörige einer Religion oder Mitglieder einer Kirche oft anders. Das kann so weit gehen, dass sie ihre Kirche, deren Lehre, den Umgang, den man dort miteinander pflegt eher als ein Hindernis erfahren, um mittels oder dank der Kirche zu einer lebendigen Beziehung zu Gott zu finden. Ja, die Kirche wird zuweilen als eine Institution erlebt, die eine Spiritualität, die wirklich ins Leben hineinwirkt, nicht fördert, sondern eher beeinträchtigt.

Man muss, will man an seiner Kirche nicht verzweifeln, dann wohl tatsächlich den Rat von Joseph Ratzinger (2005, 326f.), jetzt Papst Benedikt XVI., beherzigen, der in seiner *Einführung in das Christentum* schreibt: Die Kirche »ist am meisten nicht dort, wo organisiert, reformiert, regiert wird, sondern in denen, die einfach glauben und hier das Geschenk des Glaubens empfangen, das ihnen zum Leben wird«.

»Das Geschenk des Glaubens«, das uns zum Leben wird. Einer Kirche, die mir einen solchen Glauben vermittelt, gehöre ich gerne an, ohne damit zu sagen, dass das allein auf sie beschränkt ist und es nicht auch andere Kirchen und Religionen gibt, die von einem Glauben künden und eine Spiritualität vertreten und fördern, die davon beseelt ist, Menschen zur Heiligkeit zu führen, dahin, dass sie ganz sind und gesund leben.

Eine Spiritualität, die Himmel und Erde im Blick hat

Eine ganzheitlich ausgerichtete Spiritualität ist darum bemüht, das ganze Leben im Blick zu haben und so ihren Teil zu einem Leben in Fülle beizutragen. Es ist eine Spiritualität, die sich nicht auf kirchenbezogene Aktivitäten oder die Sphäre des sogenannten Heiligen begrenzen lässt, wenn das vorwiegend als Gebet oder die Spendung der Sakramente verstanden wird. Vielmehr begreift sie alle Aspekte unseres Seins und der Welt als Arena für Gottes Wirken. Sie steht in Beziehung zu unserem Leib, unserer Psyche, unserer Seele, unseren menschlichen Beziehungen und zur Schöpfung. Sie will ihren Beitrag dazu leisten, dass wir uns wohlfühlen, gesund, ganz und in diesem Sinne auch heilig sind und leben. »Spirituelles Leben ist das Bewusstsein, das Fühlen, die Blüte und die Erfüllung menschlichen Lebens, nicht eine übernatürliche Tugend, die uns aufgestülpt wurde« (Campbell 1991, 265).

Heilig, ganz, gesund sind wir, wenn wir uns im Einklang mit dem Universum, mit dem Göttlichen befinden. Wir uns nicht verhalten als seien wir getrennt davon. Auch das Göttliche kann nicht als das von der Erde Abgesonderte, nur zum Himmel Gehörende verstanden werden. Himmel und Erde sind eins. Wir können nicht aus der Einheit des Universums, der Einheit von Himmel und Erde herausgenommen werden und sollten uns selbst auch nicht herausnehmen.

Eine Spiritualität, die an unserer Gesundheit und Heiligkeit interessiert ist, überwindet die unselige Trennung von Geistlichem und Weltlichen. Das Aussperren des Weltlichen aus dem Geistlichen, des Geistlichen aus dem Weltlichen ist unheilig und verhindert ganz, gesund, heil, heilig zu sein. So meint denn auch der protestantische Theologe Paul Tillich: »Wenn ich gefragt werde, was der Beweis für den Sündenfall der Welt ist, pflege ich zu antworten, die Religion selber, nämlich eine religiöse Kultur neben einer Welt in dieser Kultur und ein Tempel neben einem Rathaus, das Abendmahl neben einem täglichen Abendessen, das Gebet neben der Arbeit, Meditation neben Forschung, caritas neben eros ...« (Feldmann 2004, 57ff.). Gott ist überall anwesend. Nicht nur in dem sogenannten Heiligen, den heiligen Stätten, den Kirchen usw.

»Die heilige Anwesenheit Gottes kann nicht auf religiöse Grenzen von Zeit und Raum beschränkt werden« (Newell 2000, 117). Es geht dabei nicht darum, das Heilige zu banalisieren, sondern das Normale zu heiligen. Das heißt, die Welt des Heiligen ist nicht eine vom üblichen Leben getrennte Welt. So ist das heilige Brot der Eucharistiefeier oder des Abendmahles heilig, aber nicht im ausschließenden Sinne. Es verweist auf die Heiligkeit allen Brotes und jeden Weines, die Heiligkeit, die im normalen Leben, in jedem Augenblick des Lebens wohnt.

Das Mysterium findet im Hauptbahnhof statt

»Das Mysterium findet im Hauptbahnhof statt«, soll der Künstler Josef Beuys gesagt haben. Unserer Spiritualität fehlt oft der Bezug zum Dreck und der Banalität des Alltags, die die Wirklichkeit der meisten Menschen ausmachen. Sie vermag nicht da hineinzuwirken. Bleibt außen vor. Und wir – sind wir doch ehrlich – möchten uns die Hände nicht schmutzig machen, ziehen es vor, schöne spirituelle Gedanken zu entwickeln und dabei natürlich auch die Armen, die Entrechteten, die Leidenden zu bedenken. Um das zu verhindern, gilt es, immer wieder auch das Mysterium auf dem »Hauptbahnhof«, in der unwirtlich wirkenden Umgebung eines Fabrikgeländes, der Banalität des Alltags zu entdecken.

In der Los Angeles Times vom 16. August 2009 (Eins 10 u. 11) wird von Stan Bosch (54 Jahre), berichtet, der als Ordensmann und Priester im Süden von Los Angeles mit Jugendlichen arbeitet, die aus dem sozialen System herausgefallen sind. Stan Bosch ist es wichtig, die Jugendlichen niemals zu beurteilen oder zu verurteilen. Dies sagt er ihnen deutlich und hält sich auch daran. So beginnen sie über sich zu erzählen, dass sie Drogen nehmen, sich mit ihren Müttern betrinken, für viele Tage allein gelassen werden. Sie berichten von ihren Diebstählen und Einbrüchen und dem Wunsch, am liebsten wieder im Gefängnis zu sein, da sie dort ein Bett und regelmäßig zu Essen hatten. Diese Jugendlichen will niemand. Doch Stan Bosch bietet ihnen eine Art Gruppentherapie an. »Wie geht es dir? Wie fühlst du dich?« Danach fragt diese Jugendlichen sonst niemand. »Was ist der Grund, warum wir da sind?«, fragt Stan Bosch die zwölf anwesenden Jugendlichen bei einer Gruppenstunde. »Das Zeug herauszubekommen, sodass es nicht in einem brennt«, antwortet ein 17-jähriger Junge. »Schön«, antwortet Stan Bosch. Der Priester macht sich nichts vor. Er erwartet keine Wunder. Hauptsache die Jugendlichen überleben und sind vielleicht in der Lage, sich mit dem Schmerz anderer zu solidarisieren.

Wenn da nicht viel Heiligkeit drinsteckt! Heiligkeit im Alltag. Ja, Gottesdienst im verlassensten Viertel von Los Angeles. Ist Gott da weniger da als in der Eucharistiefeier, die der Kardinal von Los Angeles in seiner Kathedrale am Sonntag hält?

Lieben und sich lieben lassen

Eine ganzheitlich ausgerichtete Spiritualität will dazu beitragen, dass Menschen zueinander finden, und in ihren Beziehungen und Begegnungen die Erfahrung machen dürfen, geliebt zu werden. Die Bedeutung und der Wert einer Spiritualität wird letztlich daran gemessen, ob sie dazu beiträgt, Menschen zu tiefen, bedeutungsvollen Beziehungen zu befähigen und darin Liebe zu erfahren. Eine Spiritualität, die nicht Ausdruck von echter Liebe ist, bleibt schal. Wie heißt es doch im 1. Korintherbrief (13,1–2):

Wenn ich in den Sprachen der Menschen
und Engel redete,
hätte aber die Liebe nicht,
wäre ich ein dröhnendes Erz oder eine lärmende Pauke.
Und wenn ich prophetisch reden könnt
und alle Geheimnisse wüsste
und alle Erkenntnis hätte;
Wenn ich alle Glaubenskraft besäße
und Berge damit versetzen könnte,
hätte aber die Liebe nicht,
wäre ich nichts.

Eine ganzheitliche Spiritualität will dazu beitragen, dass wir uns nach links und nach rechts zu unseren Mitmenschen ausstrecken. Sie will ein Ausfluss unseres Herzens sein, will, dass wir uns für unseren Nächsten, für andere Menschen öffnen und unser Herz für sie schlägt. Gottesliebe unter Umgehung von Menschenliebe – das geht nicht. Das bleibt die große Herausforderung für alle, die meinen, an den Mitmenschen vorbei in die direkte Beziehung zu Gott gelangen zu können. Sie glauben sich in der Welt der Ewigkeit ein

Nest einrichten zu können, in das sie sich zurückziehen, um sich nicht den schwierigen und schmerzvollen Erfahrungen des Alltags aussetzen zu müssen. Sie werden in der Regel bald und immer wieder eingeholt von dieser Wirklichkeit.

Sie vermissen in ihrem Leben die Erfahrung von echter Zufriedenheit oder Freude, ja, von Erfüllung. Ihre Spiritualität erreicht nicht ihr Herz, ihre Tiefe. Sie predigen Nächstenliebe, sind aber total unsensibel gegenüber dem, was um sie herum geschieht. Sie sind nicht in der Lage, sich nach den Menschen ihrer Umgebung auszustrecken, mitzubekommen, was in ihnen vor sich geht und was sie brauchen. Sie strahlen Kälte aus und tatsächlich verhalten sie sich oft kalt und herzlos anderen und nicht selten auch sich selbst gegenüber. Sie scheinen so sehr beseelt zu sein von ihrem Reden über Spiritualität und ihrem Bemühen, in ihrem spirituellen Üben weiterzukommen, Meister zu werden, dass sie gar nicht merken, wie sehr sie sich von ihrer Wirklichkeit, der menschlichen Situation entfernen und entsprechend leblos wirken. Sie scheinen die alte Weisheit vergessen zu haben, nach der *caro cardo salutis*, also das Fleisch, das heißt der konkrete Mensch, das Eingangstor zum Heil ist.

Solange jemand keine Liebe erfahren hat, er über keinen Nährboden verfügt, der empfänglich ist für die Nahrung von Gottes bedingungsloser Liebe. Dann läuft er Gefahr, sich lediglich mit Spiritualität vollzustopfen, ohne dabei wirklich genährt zu werden. Bei so manchen Hymnen auf die göttliche Liebe meine ich vor allem den Schrei nach der Erfahrung von Gottes Liebe und von menschlicher Liebe zu vernehmen, gerade weil diese Liebe nicht im eigenen Herzen und im konkreten Leben erfahren wird. Gerade die Menschen, die im spirituellen Bereich eher die leisen Töne bevorzugen und nur wenig von Gottes Liebe und wenn dann sehr leise und bedächtig sprechen, können über einen Nährboden verfügen, der für die Liebe Gottes und die Liebe ihrer Mitmenschen empfänglich macht. Sie lassen sich in Gottes Liebe hineinnehmen. Erst dann machen sie die Erfahrung, lieben zu können und geliebt zu werden.

Wer niemals Liebe erlebt hat, wer nie mit echten, wahren, menschlichen, lebendigen und lebendig machenden Gefühlen den realen, konkreten, einzigartigen Menschen geliebt hat und von ihm geliebt worden ist, kann zwar endlos über die Schönheit und Freude göttlicher Liebe reden, wird jedoch auf jemanden, der Agonie und Ekstase der Liebe in der Realität erfahren hat, nicht sehr überzeugend wirken. Der Philosoph Paul Feyerabend kam erst wenige Tage vor seinem Tod zu folgender Erkenntnis: »Heute scheint es mir, dass Liebe und Freundschaft die wichtigste Rolle im Leben spielen und dass ohne sie selbst die höchsten Errungenschaften blass, leer und gefährlich bleiben.«

Die Fähigkeit, lieben zu können, wird uns aber nicht einfach in den Schoß gelegt. Manche versuchen den Weg, der sie fähig macht, wahrhaft zu lieben, zu umgehen – und das im Namen der Spiritualität. Bei ihnen besteht die Gefahr, dass sie, statt den schwierigeren Weg zu gehen, der zur Annahme ihrer selbst führt, der es erforderlich macht, sich zu öffnen, der sie verwundbar macht und zur Auseinandersetzung mit ihren Mitmenschen einlädt, den leichteren Weg wählen, indem sie sich, unter Umgehung der Annahme ihrer selbst und tiefer Beziehungen zu ihren Mitmenschen, in die Beziehung zu Gott flüchten.

Doch, wem die Nahrung, die aus guten zwischenmenschlichen Beziehungen hervorgeht, vorenthalten wird, der wird hungrig bleiben. Er und sie werden versuchen, ihren Hunger anderswo zu stillen. Sie werden versuchen, die Nahrung, nach der sie verlangen, durch Erfolg, Arbeit und vieles andere mehr zu erreichen. Mancher mag versuchen, durch spirituelle Höhenflüge seine Sehnsucht nach Liebe und bedingungsloser Annahme zu nähren. Allein, er wird immer wieder auf den harten Boden der Wirklichkeit herunterfallen, wenn er nicht wirklich durch die Erfahrung von Liebe genährt worden ist.

Gott durchlässig begegnen

Spiritualität ist unsere Art und Weise, auf die lebendige Anwesenheit Gottes in unserer Welt zu reagieren. Die *lebendige* Anwesenheit Gottes. Nicht starr, festgelegt, eingesperrt in Kirchen, Konzepten, Lehrsätzen. Das aber heißt auch, wollen wir dem lebendigen Gott begegnen, können wir nicht steif, festgelegt, eingesperrt in unseren Ideologien und Konzepten verharren, sondern müssen offen, durchlässig Gott begegnen. Eben so, dass sein Duft, sein Odem, sein Geist durch uns wehen können, wir uns als von Gott umfangen, als Teil von ihm erleben. Eine solche Leben spendende Spiritualität muss nicht in Kontrast treten zu unserem Beten in der Kirche oder der Feier der Eucharistie. Nein! Wenn wir gefüllt und erfüllt von frischer Luft und Energie beten und Gottesdienst feiern, feiern wir die leibhaftige Durchdringung von Gottes Geist. »Wie Wein und Wasser sich verbinden, so dringen wir in Christus ein. Wir werden die Vollendung finden und seiner Gottheit teilhaft sein«, heißt es in einem Kirchenlied.

Eine Spiritualität, die das ganze Leben umfasst, ist und muss zunächst eine Spiritualität sein, die über das Denken hinausgeht, die die Enge mancher dogmatischer Aussagen sprengt, die vor allem aber in alle Fasern unseres Seins und Lebens hineinzuwirken vermag. Es ist eine Spiritualität, die untrennbar zu uns gehört, also nicht angelernt ist oder aufgesetzt worden ist. Sie gehört zu uns wie die Luft, die wir einatmen und ohne die wir nicht existieren könnten.

Das englische Wort *spirit*, das in dem Wort Spiritualität steckt, kann Atem, Luft, die sich in Bewegung befindet, Geist, inneres Leben eines Menschen bedeuten. Das Atmen ist uns inniger als alles andere in unserem Leben. Es ist die Voraussetzung für Leben. Das lässt sich auch auf das biblische Verständnis von Spiritualität übertragen. Das hebräische Wort *ruach* meint Gottes Schöpfergeist, Odem, bewegte Luft, Leben. Umgekehrt gilt entsprechend: stehende Luft, Stillstand. »Gibt dich ganz dem hin, was du machst, und du findest deinen Spirit«, meint der bekannte Saxophonspieler Jan Garbarek. *Spirit* ist für ihn etwas, das man nicht berühren kann, aber von dem man berührt werden kann.

Die Luft, die wir atmen, die Energie, die uns zur Verfügung steht, ist vom Spirit, vom Geist geladen, sie ist spirituell. Spiritualität beginnt somit nicht erst im hohen Dom zu leben. Sie umfängt uns, wo immer wir sind, beginnt mindestens mit dem ersten Atemzug. Spiritualität gehört zum Leben und trägt zum Leben und zu unserer Lebendigkeit bei. »Die Ehre Gottes ist der lebendige Mensch« (Irenäus von Lyon). Für mich kommt diese lebensspendende Kraft in einer lebendigen Beziehung zwischen Gott und dem Menschen zum Ausdruck. Darunter verstehe ich eine Beziehung, in der unser Innerstes zum Ausdruck kommt und die ständig in Bewegung ist. Sie wird von der Dynamik am Leben erhalten und getragen, die für jede Beziehung die entscheidende Dynamik ausmacht: die Liebe, die man füreinander empfindet. Diese innige Beziehung zu Gott geht uns so nahe, ja ist uns so nahe wie das Atmen und sie ist für uns nicht weniger lebensnotwendig als unser Atmen. Der Mystiker Wilhelm von Saint-Thierry (1993,66) schreibt im 12. Jahrhundert über diese innige Beziehung zwischen Gott und dem Menschen:

»Die sich zärtlich küssen, hauchen sich gegenseitig ihren Atem ein. Es ist ein Duft, von dem sie sich wunderbar durchdrungen fühlen. Nimm, Herr, meinen Hauch ganz in dich auf ... und hauche deinen Atem ganz in mich ein – er ist ja ganz von deinem Duft erfüllt –, damit mein Atem von deinem Wohlgeruch durchdrungen, nicht mehr schlecht riecht. Dein süßer Duft, o Süßester, soll künftig allezeit in mir verbleiben!«

Gibt es eine schönere Beschreibung von Spiritualität? Spiritualität ist eine lebendige, innige Beziehung zwischen Mensch und Gott, zwischen mir und Gott, bei der der Atem Gottes, alles, was mich ausmacht, was zu mir gehört, meinen Geist, meine Psyche, meinen Leib, meine Beziehungen, mein »In-der-Welt-Sein« durchdringt.

Wir sind als Kinder dieser Erde Kinder Gottes

Spiritualität wird jetzt zur gelebten und erfahrenen innigen Beziehung mit Gott. In diesen Augenblick spüren wir, dass wir Kinder dieser Erde sind und als Kinder dieser Erde Gottes Kinder sind. Solange wir diese Einheit nicht verlassen, sind wir ganz, heilig und in diesem Sinne gesund. Wir sind es nicht nur, wir erfahren uns auch als ganz und heilig. Wir spüren die Harmonie, die Verbundenheit von Erde und Himmel in uns, wenn wir in unsere Tiefe eintauchen. Wir spüren sie in der Begegnung mit der Natur, wenn wir in die Natur eintauchen, uns als Teil von ihr erfahren. Der Blick in den Sternenhimmel weitet uns, weckt in uns ein Gefühl von Erhabenheit, macht uns sensibel, ist für das Geheimnisvolle. Bis dahin, dass wir uns als Teil der ganzen Schöpfung und ihres Schöpfers erfahren, uns als im Einklang mit ihnen erleben.

So gilt es, Gott überall zu entdecken. Die Erde, die Menschen als Ohr, Auge, Antlitz, Stimme Gottes zu betrachten. Gott spricht zu uns auf verschiedene Weise, meint der Mystiker Thomas Merton: in der Schrift, in unserem tiefsten Innern und in der Stimme des Fremden (vgl. Schmith 2009, 319). Der Menschenfreundlichkeit Gottes begegne ich, wenn ich wach durchs Leben und durch meinen Alltag gehe, auf so vielfältige Weise auch in der anscheinend so gottlosen Welt, ja manchmal sogar selbstverständlicher oder gar öfter als in der anscheinend kirchlich-heiligen Welt. Da ist der iranische Student, der schaut, dass meine Frau und ich den Vortritt bekommen beim Fahrstuhl. Der sich um mein Gepäck kümmert, als ich bei der Rolltreppe auf dem San Francisco Flughafen Schwierigkeiten habe. Die anscheinend gut aufgelegte Verkäuferin im Zeitungsladen, die ein froh klingendes Lied vor sich hin pfeift und mir gerne die paar Cents erlässt, die mir für den San Francisco Chronicle fehlen. Der Inder, der mich an der Sicherheitskontrolle fragt, ob er denn nicht noch einen Aufkleber benötige oder das alles sei. Er erzählt mir, dass er aus Südindien stamme, lächelt mir freundlich zu und gibt mir zum Abschied die Hand. In solchen Augenblicken spüre ich in mir das Verlangen, mich einzuschwingen in den Tanz des Lebens um mich herum. Aus meiner Befangenheit und Hab-Acht-Stellung herauszutreten. Mich nicht länger entsprechend den vorgegebenen Rastern zu verhalten, dem, was sich angeblich gehört oder eben nicht gehört. Darauf vertrauend, dass bei allem Vorgegebenen unablässig hintergründig und tiefergründig eine

Melodie gespielt wird, die anders klingt als die vordergründige Musik, die unseren Alltag bestimmt.

Folgst du diesem Rhythmus, ist es nicht länger der Trott und der Rhythmus des Alltags, der dich bestimmt, dich letztlich ins Chaos, zumindest in die Disharmonie bringt. Jetzt spürst du den Atem der Erde, hörst du die Musik des Ewigen. Du verspürst die Einheit mit deiner Mutter Erde und der Schöpfung. Du erlebst dich nicht länger als getrennt von dir selbst, der Erde, der Schöpfung, deinem Schöpfer. Du bist ihr Kind und als solches fühlst du dich verbunden mit den anderen Menschen und dem, der alles geschaffen hat und sich in dem, was er geschaffen hat, selbst zum Ausdruck gebracht hat. Du überlässt dich zur gleichen Zeit dem Rhythmus der Erde und dem Rhythmus der Schöpfung, der gekennzeichnet ist von Geburt, Tod und Auferstehung. Es ist ein Rhythmus, der nach der Weise des »Gesangs des Universums« (Joseph Campbell) verläuft, der »Musik der Sphäre«. Einer Musik, die du nicht wirklich benennen kannst, die aber unweigerlich den Ton angibt.

Es liegt an dir, ob du krampfhaft versuchst, dieser Musik nicht zu lauschen, oder aber dich dazu entschließt, zu dieser Melodie zu tanzen, bereitwillig einzuschwingen in den Tanz des Universums, im Vertrauen darauf, dass der, der da oben den Takt schlägt, weiß, wohin das zielt. Dann tanzt du den Tanz der Heiligkeit, der sich im Rhythmus des Universums bewegt, der dich bei aller Bewegungsfreiheit nicht aus der grundsätzlichen Harmonie herausgleiten lässt, vielmehr dafür bürgt, dass du immer wieder in die Harmonie hineinfällst.

Diese Überlegungen treten für mich nicht in Konflikt zu einem Glauben an Gott, der im Himmel und auf der Erde wohnt, in seinen Geschöpfen und der Schöpfung zum Ausdruck kommt, zugleich aber viel mehr ist. Der immer auch der ganz Andere bleibt, zu dem ich zugleich aber auch in eine personale Beziehung treten kann. Das ist ja das Faszinierende: teilhabend an Himmel und Erde, besser noch teilseiend von Himmel und Erde, kann ich eintauchen in das Göttliche, ohne mich darin zu verlieren. So beschreibt Papst Benedikt XVI. in seiner Enzyklika *Deus caritas est (Gott ist die Liebe)*: »Ja, es gibt Vereinigung des Menschen mit Gott – der Urtraum des Menschen –, aber diese Vereinigung ist nicht Verschmelzen, Untergehen im namenlosen Ozean des Göttlichen, sondern eine Einheit, die Liebe schafft, in der beide – Gott und der Mensch – sie selbst bleiben und doch ganz eins werden.«

Was hier von der Verbundenheit mit dem Universum, der Teilhabe am Göttlichen, in der auch unsere biblisch bezeugte Gottesebenbildlichkeit – nicht Gottesgleichheit! – zum Ausdruck kommt, kann für uns manchmal so weit weg sein, dass es sich anhört wie ein Märchen aus längst vergangenen Zeiten, das mit unserem Leben und unserer Wirklichkeit nichts oder kaum etwas zu tun hat. Dabei gilt das heute nicht weniger als vor Jahrtausenden. Es ist so unfassbar, aber auch so unglaublich beglückend, dass ich in großer Ergriffenheit ob dieses Geheimnisses nur »staunen und staunend mich freuen kann«.

Ich wache auf – endlich – und sehe, was ich bisher nicht gesehen habe, erkenne, was ich bisher nicht erkannt habe: den Buddha, den Christus in mir. Buddha aber heißt »der, der aufgewacht ist«. Das gilt für dich und für mich. Ist das aber nicht einfach wunderbar? Ja, ein Wunder? Ist es von daher aber nicht auch höchste Zeit, sich dessen wieder bewusst zu werden, aufzuwachen, ein Buddha zu werden, der im Bewusstsein lebt, Gott hat Himmel und Erde geschaffen und wir sind ein Teil davon?

TEIL II

EINE SPIRITUALITÄT, DIE LEIB UND SEELE WÜRDIGT

DICH ALS MENSCH MIT LEIB UND SEELE BEJAHEN

Den ganzen Menschen sehen

Eine ganzheitlich ausgerichtete, integrative Spiritualität sieht den ganzen Menschen mit Leib und Seele. Sie ist daran interessiert, dass wir unseren Leib und unsere Seele ehren. Es geht dabei um eine achtsame, von Respekt und Reverenz getragene Haltung gegenüber unserem Leib und unserer Seele, die Konsequenzen mit sich bringt: die Pflege unseres Körpers, die Art und Weise wie wir essen, unser Umgang mit unserer Sexualität, unsere Einstellung gegenüber sinnlichen Erfahrungen. Weiter ergibt sich daraus, dafür Sorge zu tragen, dass wir uns genügend bewegen und genügend schlafen, unseren psychischen Bedürfnissen Rechnung tragen und unseren Träumen Aufmerksamkeit schenken.

Eine Spiritualität, die an unserer Gesundheit interessiert ist, trägt also dazu bei, dass wir ausgeglichen leben, uns eine Auszeit, eine Regenerationszeit gönnen, in der wir wieder auftanken können. Von einer solchen Spiritualität geht die Bereitschaft aus, auf die Signale unseres Körpers und unserer Seele zu hören. Achtsam und verantwortungsvoll mit unserem Körper und seelischen Bedürfnissen umzugehen.

Das kann heißen, unseren Körper eben nicht wie einen Esel mit Fußtritten oder Peitschenhieben anzutreiben. Was wir tun, wenn wir versuchen, die vorhandene Unausgeglichenheit mit Kaffee, koffeinhaltigen Getränken, Rauchen und Alkohol zu beseitigen. Das kann weiter heißen, unsere psychischen und seelischen Bedürfnisse nicht zu unterdrücken, sondern ernst zu nehmen, und so zu verhindern, dass wir seelisch krank werden, Freudlosigkeit, innere Leere, Sinn- und Rastlosigkeit und Depressionen in unser Leben einziehen (vgl. Goldbrunner 1947, 19).

Wenn uns das bewusst wird, merken wir, wie fragwürdig es ist, im Namen einer anscheinend höheren Spiritualität Raubbau mit unserem Körper zu treiben. Das Ergebnis: Am Ende bleibt nur noch eine leblose, lediglich äußerlich vollzogene Spiritualität übrig, die nicht zu unserer Lebendigkeit beiträgt, die uns nicht wirklich zu nähren und zu heilen vermag.

Eine Spiritualität, die an deinem Wohlbefinden interessiert ist, ist eine Spiritualität, die von dir von innen heraus gelebt wird und aus einer tiefen, innigen und lebendigen Beziehung mit Gott ihre Kraft schöpft. Sie hat die *ganze* Person – Körper, Geist, Seele, Beziehungen – im Blick und weiß, dass Gesundheit und damit Heiligkeit nicht losgelöst von der *ganzen* Person erreicht werden können.

Im Unterschied zu einer Spiritualität, die von einer negativen Einstellung gegenüber deinem Leib und deinen psychischen Bedürfnissen geprägt ist und sich entsprechend negativ auf deine geistige, psychische und physische Gesundheit auswirken kann. Dabei handelt es sich oft um eine aufgesetzte Spiritualität, die uns übergestülpt und von uns einfach unhinterfragt übernommen worden ist, als solche aber nicht zu Wohlbefinden und Gesundheit beiträgt.

Manchmal ist es daher angebracht, vor manchen religiösen Gruppen oder Einrichtungen zu warnen, da sie durch die von ihnen vertretene Spiritualität unsere körperliche und seelische Gesundheit gefährden. Das gilt vor allem, wenn sie eine Spiritualität propagieren, die uns krank macht, die uns klein hält, die uns depressiv stimmt, die unsere Kreativität, Spontaneität, Freude und Lust am Leben durch Legalismus und Dogmatismus tötet. Eine solche Spiritualität trägt nicht zur Freude und Lust am Leben bei, sondern mergelt uns aus, lässt uns gebückt, lustlos und freudlos durchs Leben gehen.

Jede Spiritualität beginnt mit deinem Leib

Vermutlich kennst du auch Personen, die sich selbst für sehr spirituell halten, die du aber, wenn du ihnen begegnest, aufgrund ihres körperlichen Erscheinungsbildes als wenig ansprechend und überzeugend erlebst. Sie haben eine Ausstrahlung, die dich einen Schritt zurückgehen lässt. Du spürst intuitiv, was diese Menschen über ihre spirituellen Erfahrungen sagen, passt nicht mit dem zusammen, wie du diese Menschen in ihrem körperlicher Auftreten und Verhalten erlebst: ungepflegt, unmäßig im Essen, Trinken und Rauchen, gebeugt einhergehend, griesgrämig dreinblickend usw.

Alle Spiritualität beginnt mit unserem Körper beziehungsweise unserem Leib, der man ist, so Karlfriedrich Graf Dürckheim (1984, 170) im Unterschied zum Körper, den man hat. In dieser Einstellung stellt man den Leib »in den Dienst der inneren Verwandlung«, statt ihn »auf Funktionstüchtigkeit und Leistungskraft zu trainieren« (170). Das heißt, so Karlfriedrich Graf Dürckheim: »Man kann den Leib nicht nur in gegenständlichem Abstand als den Körper wahrnehmen, den man *hat*, dessen man sich wie einer Sache bewusst werden oder wie eines Instrumentes bedienen kann zu weltlicher, vielleicht sogar messbarer Leistung. Man kann und soll sich vielmehr dessen, was man Körper nennt, auch innewerden als des Leibes, der man *ist*« (171). Daraus ergibt sich eine von Achtsamkeit, Respekt und Ehrfurcht geprägte Einstellung und Haltung gegenüber unserem Leib.

Unsere Spiritualität und die Praxis unserer Spiritualität können nicht losgelöst gesehen werden von unserem Leib. Was uns als spirituelles Wesen ausmacht, ist unser gesamtes Sein, in dem Seele und Leib miteinander verbunden sind. »Geister ohne Körper«, schreibt Irenäus von Lyon, »werden niemals spirituelle Männer und Frauen sein.« Eine von Gottes Odem und Geist durchdrungene Person kann nie von ihrem Leib getrennt, sie kann aber auch nicht losgelöst von ihren Beziehungen und der Welt gesehen werden, in der sie lebt.

Dein Leib ist einem Tempel vergleichbar

Eine an unserer Gesundheit und Heiligkeit interessierte Spiritualität unterstützt ein solche Sichtweise von Leib, die unseren Leib als ein Gefäß unserer Heiligkeit, einem Tempel vergleichbar, betrachtet, ohne damit Heiligkeit und Gesundheit als selbstbezogenes Streben missverstehen, bei dem mein eigenes Wohlergehen an erster Stelle steht. Heiligkeit hat auch viel mit Hingabe, Einsatz für andere zu tun, Sorge um andere, oft oder zumindest manchmal auch verbunden mit persönlichen Einbußen und Verzicht. Einsatz und Dasein für andere Menschen, Erfahrungen von Leid und Krisen kennzeichnen vielmehr unseren Weg zur Heiligkeit, gehören selbstverständlich dazu. Auch Stress und Erschöpfung können und werden sich immer wieder einstellen, wenn wir es ernst meinen mit der Heiligkeit.

Aber Heiligkeit verlangt von uns nicht, ja verbietet es regelrecht, im Namen der Heiligkeit Krankheiten des Leibes und der Seele zu rechtfertigen, »die eine Unwahrheit darstellen, weil sie durch falsche Haltungen verursacht werden, durch falsche Lebensführung, die weder den Gesetzen der

Natur noch dem Verhältnis von Natur und Übernatur entspricht« (Goldbrunner 1946, 12). Heiligkeit stellt sich dann in Unnatur dar. Im Unterschied zu einer Heiligkeit, bei der ich mich mit Leib und Seele »der sengenden und umwandelnden Sonne des heiligen Gottes« aussetze und mein Leben einsetze, ohne dabei aber meine natürliche Menschlichkeit auszuschließen.

Die Vorstellung von Heiligkeit, die nicht angemessen auf unsere natürliche Menschlichkeit Rücksicht nimmt, legt uns nahe, dass wir, um heilig zu werden, uns aufbrauchen, unseren Körper abtöten müssen, unser Leib einem Esel vergleichbar ist, aus dem man durch Fußtritte das Letzte an Kraft herauspressen soll. »Einen Esel zu Tode hetzen galt für grausam, dasselbe dem eigenen Leib anzutun, war ein verdienstvolles Werk«, kommentiert Francis Thompson (1905) die Tyrannei des Geistes gegen den Leib, die darin sichtbar wird. Dem hält der französische Jesuit Victor Poucel (in: Goldkammer 1946, 17) entgegen: »Hast du nie daran gedacht, dass du dich, um den Tritten des Esels zu entgehen, von ihm tragen lassen könntest? Er tut so willig mit, wenn er uns nur fest im Sattel fühlt.«

Es gibt viele Weisen, eine Einstellung und Haltung gegenüber unserem Leib zu konkretisieren, die von Achtsamkeit und Respekt gegenüber unserem Leib geprägt sind. Jeder wird hier auch für sich selbst schauen müssen, welche Möglichkeiten ihm zur Verfügung stehen, wo er vielleicht schon über Erfahrungen verfügt, was ihm besonders liegt. Entscheidend ist zunächst einmal die oben erwähnte innere Haltung gegenüber unserem Leib, aus der heraus wir dann entsprechend unserer Lebenssituation unserem Leib begegnen. Auf einige Bereiche, die es dabei zu beachten gilt, will ich näher eingehen.

EHRE DEINEN LEIB

Pflege deinen Leib

»Verherrlicht Gott in eurem Leib«, heißt es im 1. Korintherbrief (6,20). Wenn du ein positives Verhältnis zu deinem Körper hast, pflegst du ihn. In der Pflege deines Körpers, deiner Haut, deiner Haare, deiner Fingernägel, drückst du auch aus, wie du dich fühlst. Personen, die ihren Körper nicht pflegen, bis dahin, dass sie ihn verwahrlosen lassen, vermitteln nicht den Eindruck, sich wohlzufühlen in und mit ihrem Leib. In der Pflege deines Leibes kommt auch deine Wertschätzung anderen Personen gegenüber zum Ausdruck. Wir merken das vor allem an Menschen, die sich oder ihre Kleider nicht regelmäßig waschen und die durch die unangenehmen Düfte, die von ihnen ausgehen, zu einer großen Herausforderung für andere werden können.

Deine äußere Selbstdarstellung ist immer auch eine Form von Kommunikation. Deine Kleidung, wie du aussiehst, dich schön machst, sagt etwas über dich aus. Du kannst ein ästhetisch ansprechendes äußeres Erscheinungsbild abgeben oder ein unästhetisches körperliches Auftreten an den Tag legen. Gut auszusehen trägt dazu bei, dass du dich wohlfühlst. Ein größeres Selbstvertrauen und eine höhere Selbstwertschätzung können damit einhergehen (vgl. Woods 2008, 81f.).

Wenn du dich parfümierst, geht ein guter Duft von dir aus. »Trag jederzeit frische Kleider und nie fehle duftendes Öl auf deinem Haupt«, heißt es bei Kohelet (9,8) im Alten Testament. Du zeigst damit auch Interesse an deinem Körper. Beim Einreiben des Öles auf deine Haut berührst du dich liebevoll. Du tust dir damit etwas Gutes. Ich kenne

Therapeutinnen, die ihren Klientinnen, die Probleme mit ihrem Aussehen und ihrem Körper haben, empfehlen, sich ein wohltuendes Bad zu gönnen und sich anschließend mit einem wohlduftenden Öl einzureiben. Sich einfach einmal die Zeit dafür zu nehmen und diese Momente auszukosten. Durch die Pflege deines Körpers leistest du auch einen Beitrag zu deiner Gesundheit. In einer Zeit, in der durch die Einwirkung des Sonnenlichtes die Hautzellen bedroht sind, kann das Eincremen deiner Haut mit Ölen eine Prävention gegen Krebs und ein Schutz gegen vorzeitiges Altern sein.

Der Arzt Andrew Weil (2005, 55) sieht einen engen Zusammenhang zwischen Berührung und Gesundheit. Babys, denen die notwendige Berührung vorenthalten wird, entwickeln sich nicht normal. Das Bedürfnis, berührt zu werden, bleibt uns bis ins hohe Alter erhalten. Je älter wir werden, desto weniger Gelegenheiten haben wir, Berührung zu erfahren und damit den unsere Gesundheit fördernden Austausch von körperlichem Kontakt zu erleben. Andrew Weil plädiert daher dafür, Formen zu finden, die es uns ermöglichen, körperliche Berührung zu erfahren. Eine Form, für die er sich besonders stark macht, ist die Massage, die man sich regelmäßig, vor allem auch im Alter, gönnen sollte. Bei einer Massage werde ich liebevoll, respektvoll und zärtlich von einer anderen Person berührt und ich habe Gelegenheit, einen anderen auf die gleiche Weise zu berühren. Von der Berührung geht eine heilende Wirkung aus, die sich positiv auf unser körperliches und seelisches Wohlbefinden auswirkt.

Berühre und lasse dich berühren

Inzwischen gibt es eine eigene Wellnessindustrie, bei der auch eine große Vielfalt von Massagen angeboten wird. Neben den ausdrücklich medizinischen Massagen, die etwa zur Behebung von Rückenbeschwerden angewandt werden, gibt es eine Fülle von unterschiedlichsten Wellnessmassagen, die zum Ziel haben, unser körperliches und seelisches Wohlbefinden zu steigern. Manche rümpfen darüber die Nase, tun das ab als etwas, das nichts bringt. Andere wieder entdecken den positiven körperlichen und seelischen Effekt, der mit einer Massage einhergehen kann. Sie wissen dann die respektvolle Behandlung zu würdigen, die sie zum Beispiel bei einer Tantramassage erfahren, spüren die Präsenz der Masseurin, die Hochachtung und das Interesse, das ihrem Leib, zugleich aber auch ihrer Seele dabei entgegengebracht wird. Ja, sie erahnen vielleicht auch etwas von der spirituellen Ausstrahlung, die bei einer achtsam durchgeführten Massage anwesend sein kann. Die Achtsamkeit, die ihnen und ihrem Leib geschenkt wird, kann sie darin bestärken, sich und ihrem Leib in der gleichen Achtsamkeit zu begegnen. Die Masseurin kann in ihren Augen zu einer Priesterin werden, die ihnen aufzeigt, was es heißt, den Leib als Tempel Gottes zu begreifen, einem Heiligtum vergleichbar, dem man sich mit Ehrfurcht und Hochachtung nähert. Wenn die Masseurin im Rahmen der Massage die Füße küsst, mag man sich an Jesus erinnern, zu der eine Frau hintrat mit einem Alabastergefäß voll wohlriechendem Öl: »Sie trocknete seine Füße mit ihrem Haar, küsste sie und salbte sie mit dem Öl« (Lukas 7,38).

»Wisst ihr nicht, dass ihr Gottes Tempel seid und der Geist Gottes in euch wohnt?«, heißt es im 1. Korintherbrief (3,16). Wenn du deinen Leib als einen Tempel, als das Gefäß deiner

Heiligkeit verstehst, dann kann eine solche Einstellung gegenüber deinem Leib dazu beitragen, dass du dir auch vorstellen kannst, begehrenswert, schön und liebenswert zu sein. Du kannst jetzt die Freude und die Lust, die aus der Erfahrung des Leiblichen, aus Berührung und Erregung entstehen, als schöne und positive Erfahrungen zulassen. Sagst du »Ja« zu deinem Leib, kannst du dich an deinem Leib erfreuen und dankbar dafür sein, dass du deinen Leib nicht nur im Schmerz, sondern auch in der Erfahrung von Berührung und Lust spüren und genießen darfst. Du kannst dich darüber freuen und dich davon für dein Leben, Lieben und Tun energetisieren lassen. Nach der Auffassung des Kirchenlehrers Thomas von Aquin ist die Fähigkeit, empfänglich zu sein für das Vergnügen, das aus der Berührung entsteht, eine Tugend. Die dazu nicht fähig sind, bezeichnet er als unsensibel.

Begegne deinem Leib mit Respekt

Wird unser Leib vernachlässigt, rächt er sich durch Krankheit. Denn die Quelle von Stress und damit die Quelle psychischer und physischer Krankheit ist unter anderem eine Unausgeglichenheit, bei der wir nicht angemessen Rücksicht auf die Grenzen unseres Körpers und unserer Seele nehmen. Wir vergessen, dass es sich bei ihnen nicht um unerschöpfliche Reserven handelt, aus denen wir unbegrenzt schöpfen können, ja die wir ungestraft ausbeuten können. Wenn wir über Gebühr unsere Reserven ausbeuten, führt das zu chronischem Stress, der mit Erschöpfung, Krankheit und schließlich mit unserem Tod einhergehen kann. Eine an unserer Gesundheit, sprich Heiligkeit interessierte Spiritualität ist daher an einem gesunden Leib interessiert und fördert unsere Gesundheit. Zugleich lebt eine lebendige, dynamische Spiritualität von einem gesunden Leib und wird durch einen gesunden Leib gefördert.

Begegne ich meinem Leib aus einer Haltung, in der man meine Heiligkeit sieht, begegne und behandle ich meinen Leib mit Respekt. Er ist dann nicht einem Esel vergleichbar, den ich schinde, vernachlässige, ausbeute. Ich möchte, dass mein Leib schön aussieht, ich mich gerne in ihm aufhalte, mein Leib ansprechend ist und wirkt. Ich begegne ihm mit Ehrfurcht, behutsam, zärtlich.

Depression – nimm die Signale deines Körpers ernst

Begegnest du deinem Leib mit Achtsamkeit, dann nimmst du auch seine Signale ernst und ziehst daraus deine Konsequenzen. Ein deutliches Signal unseres Leibes, dass etwas nicht stimmt, er sich nicht angemessen gesehen und gewürdigt erfährt, kann eine Depression sein, die sich unter anderem als Ermüdung, Erschöpfung und Antriebshemmung manifestiert.

»Der Arzt besucht frühmorgens seine Kranken. Die Trägheit aber die Menschen gegen Mittag.« Das schreibt Klimakus, Mönch und Arzt im Kloster Sinai im 7. Jahrhundert. Wir kennen alle die Müdigkeit, die uns am frühen Nachmittag besucht und wir zollen ihr unseren Tribut, indem wir uns, wenn möglich, ein Nachmittagsschläfchen gönnen. Und wir tun gut daran. Wir nehmen das Signal unseres Körpers damit ernst. Er belohnt uns mit körperlichem Wohlbefinden.

Übergehen wir dagegen immer öfter die Hinweise unseres Körpers, bestraft er uns. Er und unsere Seele, die sich auch des Körpers bedient, um ihren Botschaften an uns Gehör zu verschaffen. Dann stellt sich mit der Zeit nicht nur eine normale Mittagsmüdigkeit ein, sondern wir kommen am Morgen schon nicht mehr aus dem Bett, quälen uns während des Tages müde und lustlos von einem Termin zum andern, machen Dienst nach Vorschrift, bis wir schließlich nicht einmal mehr das tun, weil wir keine Kraft mehr haben, keinen Sinn mehr darin sehen, uns das Leben zunehmend nur noch grau in grau erscheint.

Was ich hier beschreibe sind Kennzeichen des Menschen, der zunehmend innerlich ausgebrannt ist – wir sprechen dann von Burn-out – und die Freude am Leben verliert, die Farben des Lebens nicht länger entdecken kann. Es ist zugleich die Beschreibung eines Menschen, der Symptome einer möglichen beginnenden Depression zeigt. Von einer klinisch relevanten Depression spricht man, wenn über einen Zeitraum von mindestens zwei Wochen neben einer depressiven Stimmung oder dem Gefühl von Interesselosigkeit der Betroffene unter anderem unter Schlaflosigkeit bzw. Übermüdung, Konzentrationsschwäche, Energieverlust, häufigen Stimmungsschwankungen leidet und verlangsamtes oder hektisches Verhalten an den Tag legt. Burn-out und Depressionen werden heute oft in einem Atemzug genannt, auch weil Burn-out gesellschaftlich eher akzeptiert wird. Die genannten Symptome werden, wenn sie in einer milderen Form auftreten, oft so sehr als Teil des alltäglichen Lebens betrachtet, dass sie nicht als Burn-out oder Depression erkannt oder verstanden werden.

Bei vielen meldet sich die depressive Stimmung oder Depression oft am Abend nach einem anstrengenden Tag oder am Sonntagnachmittag, also zu einer Zeit, in der sie eigentlich endlich Zeit für sich haben. Die Woche über und vor allem am Wochenende waren sie eingedeckt mit Arbeit – und jetzt? Die Müdigkeit, die sie jetzt spüren, ist oft nicht nur die normale Mittagsmüdigkeit. Sie spüren eine Leere in sich, fühlen sich einsam, können nicht länger ihre unerfüllten Wünsche, zum Beispiel nach Entspannung oder menschlicher Nähe und Wärme, durch Arbeit zudecken.

In solchen Situationen sind sie gefährdet, Auswege zu suchen, die sie nicht weiterbringen: sich einfach ins Bett zu legen und den Rest des Tages zu verschlafen; bei Computerspielen und im Internet Abwechslung zu suchen und dort »zu versacken«; sich als Lohn für die viele Arbeit sexuelle Entspannung durch Selbstbefriedigung, Pornografie usw. zu gestatten.

Hier moralisierend den Finger zu erheben, Schuldgefühle zu wecken, wird sie in der Regel nicht weiterbringen, zumal es manche vorziehen, wie es der Tiefenpsychologe C.G. Jung einmal sagte, in den Daunenfedern ihrer Schuldgefühle zu schlafen, statt ihr Leben zu verändern. Wenn eine depressive Stimmung in unserem Leben auftritt, sollten wir sie daher nicht einfach zudecken oder verdrängen, sondern in ihr eine Dame in Schwarz sehen, die uns etwas mitteilen möchte. Statt diese Dame wegzuschicken, sollten wir sie zu Tisch bitten und sie fragen, was sie uns sagen möchte. Das heißt, sich zunächst einfach auch zuzugestehen, manchmal auch depressiv gestimmt und depressiv zu sein, und dass das nicht von Vorneherein etwas Negatives, gar Verwerfliches ist. Auch läuft der Gefahr, richtig depressiv zu werden, so der Arzt und Psychotherapeut Daniel Hell (2008), der eine depressive Stimmung nicht ernst nimmt.

Hörst du darauf, was deine depressive Stimmung oder Depression dir sagen möchte, wirst du unter anderem als Antwort hören: Nimm dich nicht so wichtig. Heilig zu werden heißt nicht, vollkommen, perfekt zu sein. Du machst Fehler und du darfst Fehler machen. Nimm dich an wie du bist, mit deinen Talenten und deinen Fehlern. Übersieh nicht das Gute und Schöne, das du jeden Tag tust. Vergiss nie, dass du aus dem gleichen Holz geschnitzt bist wie jeder andere Mensch, dein Körper wie der eines jeden anderen Menschen genügend Schlaf, Bewegung, Entspannung, Energiezufuhr braucht.

Bewege dich

Dafür Sorge zu tragen, dass wir weniger Stress erleiden, ist auch ein spirituelles Anliegen. So unterstützt eine gesunde Spiritualität, dass wir uns entspannen, uns ausreichend bewegen, da dies die natürlichen Heilungskräfte des Körpers und des Geistes unterstützt. Unterlassen wir das, treiben wir Raubbau mit unserer Energien, gefährden wir unsere Gesundheit und verkürzen unser Leben. Möglichkeiten und Gelegenheiten, uns zu bewegen, gibt es, so Richard J. Woods, viele: spazieren gehen, Treppen hinaufgehen, das Haus sauber machen, den Garten herrichten, sich in verschiedenen Sportarten engagieren, einen Fitnessclub besuchen, Bergsteigen, schwimmen, rennen, Fahrradfahren, Tennis, Ballspielen. Schnelles Gehen von 20 bis 30 Minuten verbrennt Kalorien und hat positive Auswirkungen auf unser kardiovaskuläres System. Für mich ist es inzwischen zu einem Ritual geworden, nach dem Frühstück mit unserem Hund für zehn Minuten nach draußen zu gehen. Inzwischen genieße ich diese Minuten, begrüße den Morgen. Um die Mittagszeit mache ich einen Spaziergang oft entlang einer Allee. Am Abend gehe ich zwei bis drei Mal in der Woche schwimmen. Mich zu bewegen, das ist mir deutlich geworden, ist genauso wichtig wie zu atmen und zu essen.

GEH-MEDITATION

Während du durch die belebte Innenstadt gehst, halte für einen Moment inne. Nimm wahr, wie die Menschen an dir vorbeihetzen. Gehe jetzt ganz bewusst Schritt für Schritt. Schenke dabei den Bewegungen deiner Füße deine Aufmerksamkeit. Setze deinen Fuß ganz bewusst auf den Boden auf. Was geht dir dabei durch den Kopf? Was fühlst du? Lasse deine Gedanken und Gefühle ohne Wertung zu.

GENIESSE

Lasse Eros und Lust zu

Eine Spiritualität, die an unserer Gesundheit interessiert ist, übergeht nicht unseren Leib und unsere vitalen und vitalsten Bedürfnisse, einschließlich unseres Verlangens nach sinnlichen und sexuellen Erfahrungen. Du trägst zu deiner Ganzheit und Heiligkeit bei, wenn du Eros, Lust, Vergnügen in deinem Leben zulässt. Es hängt von deiner Haltung gegenüber sinnlichen Erfahrungen und Sexualität ab, wie weit deine Sexualität zu deiner Heiligkeit und Gesundheit beiträgt.

Der Eros des Vergnügens öffnet dir, so James D. und Evelyn Eaton Whitehead (2009, 172) Wege zu Freude und Befriedigung. »Die Ehre Gottes ist der lebendige Mensch.« Der lebendige Mensch lebt und nährt sich auch von Eros, Vergnügen und Lust. Sie wollen dir helfen, im Hier und Jetzt zu leben, damit du die Fülle des Lebens erfahren und auskosten kannst. Du wirst dadurch präsenter und kommst dem uns zugesagten Leben in Fülle näher.

In Zeiten großen Stresses kann Vergnügen zur Sucht und Destruktion führen. Wir geben uns dann, so James D. und Evelyn Eaton Whitehead, den Freuden und Vergnügen hin, die uns Essen, Alkohol, Sex bescheren können, in der Hoffnung, dass sie unser Ungemach erträglicher machen. Das aber trifft natürlich nicht zu. Also geben wir uns immer wieder und immer mehr diesen Freuden hin, mit dem Ergebnis, dass unser Ungemach immer größer wird und der Weg in die Abhängigkeit beginnt. Diese Vergnügungen tragen nicht dazu bei, intensiver in der Gegenwart zu leben, sie sind der vergebliche Versuch, unseren seelischen Schmerz auszulöschen. Eros und Vergnügen werden hier dazu missbraucht, dem Leben und dem Augenblick zu entfliehen.

Bist du dagegen wirklich präsent, kannst du die ganze Palette sinnlicher Freuden, die dein Leben segnen, auskosten. Du bist dann aber auch sensibel für den Schmerz, der Verletzung und Gefahr signalisiert. Das ist die beste Prävention, um zu verhindern, dass Eros und Vergnügen zur Entfremdung dir selbst gegenüber führen, gar zur Sucht werden (vgl. Whitehead 2009, 172).

Übersieh nicht die Schattenseite des Eros

Eine Spiritualität, die an unserer Gesundheit und Heiligkeit interessiert ist, betrachtet es als ihre Aufgabe, ein positives Verhältnis zu Eros und Vergnügen in uns zu wecken. Die Leben spendende und vergegenwärtigende Kraft, die im Eros und dem durch den Eros vermittelnden Vergnügen liegt, zu fördern. Sie weiß um die Schattenseiten von Eros und Vergnügen, wenn Vergnügen uns von uns selbst wegführt, nicht länger uns vergegenwärtigt, bereichert (vgl.

dazu Whitehead 2009, 172). Wenn Eros überhandnimmt, keine Grenzen mehr kennt und wir uns verausgaben, wir uns von ihm davontragen lassen. Oder wenn die vom Eros beflügelte Neugierde zum Voyeurismus entartet, die Menschen zu Objekten macht, uns auf Abstand zu ihnen hält oder unsere Sehnsucht nach dem Unerfüllbaren in der Sackgasse der Pornografie endet. Der Schwung, der von einem gesunden Eros ausgeht, der uns in die Lebendigkeit führen will, wird dann unterbrochen. Eros und Vergnügen wollen aber zur Verlebendigung unseres Lebens beitragen. So sieht eine Spiritualität, die an unserer Gesundheit interessiert ist, es als ihre Aufgabe, uns darin zu motivieren, Eros und Vergnügen zuzulassen und nicht aus Angst, sie könnten uns überrollen, ganz auf sie zu verzichten. Das ist die beste Prävention, um zu verhindern, dass Eros und Vergnügen zu unserer Entfremdung führen, gar zu Geiseln unserer Sucht werden.

Spiritualität steht für Leben, Lebendigkeit, Hier und Jetzt. Sucht für Entfremdung, Tod, Abwesenheit. »Ein Abhängiger, ein Süchtiger ist nicht in seinem Körper, so leidet der Körper. Unbewohnt wie er ist. Von daher kommt dieses furchtbare Gefühl zu verkümmern. Dem, was uns Ungemach bereitet, Aufmerksamkeit zu schenken, kann zu Strategien führen, die uns heilen. Statt uns davon abzuwenden, sind wir aufgerufen, uns ganz der Fülle des Mysteriums unseres Lebens hin zu öffnen und dafür präsent zu sein« (Whitehead 2009, 172).

Gönne dir erlaubte Freuden

»Wenn ich mir nicht genug erlaubte Freuden gönne, besteht die Gefahr, dass ich unerlaubte Freuden suche«, hat einmal einer gesagt. Um Lust am Leben erfahren zu dürfen, ist es wichtig, dass du genießen kannst. Es geht um die Fähigkeit, etwas zum Beispiel mit Spaß essen zu können, sich an einem guten Wein erfreuen zu können. Dazu gehört auch, das Verlangen unseres Eros nach Sinnlichkeit angemessen zu würdigen.

Nicht wenige, darunter auch zölibatär Lebende, »ziehen sich«, oft mit schlechtem Gewissen, einen Sexfilm »rein«, um dadurch erregt zu werden. Nur moralisierend in diesem Zusammenhang den Zeigefinger zu erheben, bringt meiner Meinung nach nicht viel. Wichtiger erscheint es mir, hinzuschauen, was denn hinter diesem Bedürfnis steht. Dabei wird man entdecken, dass dahinter oft ein selbstverständliches und natürliches Verlangen nach Sinnlichkeit oder auch ähnlichen Erfahrungen steht. Es kann heißen, dafür Sorge zu tragen, dass in unserem Leben Eros und Sinnlichkeit nicht zu kurz kommen. Je mehr in deinem Leben Sinnlichkeit vorkommt, die mit deinem zölibatären Lebensstil in Einklang zu bringen ist, desto mehr werden Formen von Sinnlichkeit oder Sexualität, die sich als schal und oberflächlich erweisen oder mit dem ehelosen Leben nicht in Einklang zu bringen sind, überflüssig.

Lass dich im Genießen in die Gegenwart zurückbringen

Eine Spiritualität des Genießens kann uns auch helfen, krankmachende Einstellungen und Verhaltensweisen im Umgang mit unserem Leib zu verändern, ungesunde Ess-

und Trinkgewohnheiten zu unterbrechen, negative Vorstellungen über Sexualität und die Erfahrung von Lust um positive zu ergänzen. Wenn du etwas genießt, lebst du im Jetzt, im Hier und Heute, dann trägt diese Erfahrung zu deiner Vergegenwärtigung bei. Ja, um etwas genießen, auskosten zu können, musst du in der Gegenwart leben. Bist du nicht wirklich präsent, kann der erlesenste Wein für dich zum billigsten Fusel, die innigste sexuelle Begegnung zu einem banalen Vorgang werden. Bist du dagegen wirklich in der Lage, etwas genießen zu können, kann die Erfahrung des Genießens zu einem einzigartigen, wunderbaren Geschenk für dich werden, das dich in den augenblicklichen Moment zurückbringt (vgl. Whitehead 2009). Es fängt damit an, dass du »Stopp« sagst und dann auch innehältst. Den bisherigen Rhythmus unterbrichst. Durchatmest. Schnupperst, schaust, schmeckst, hinhörst. Mit dir in Berührung kommst.

Gerade die viel beschäftigten Personen sind gedanklich und mit ihren Gefühlen oft so absorbiert von dem, was war, was sein wird, was alles schiefgelaufen ist, was passieren könnte, dass ihnen oft nur wenig Energie für den Augenblick zur Verfügung steht. Die Erfahrung von Genießen kann sie in den augenblicklichen Moment zurückbringen. Eine wohltuende Massage, das Genießen eines saftigen Pfirsichs, das Angezogensein durch einen Sonnenuntergang nach einem anstrengenden Arbeitstag. Alles in mir ist jetzt davon eingenommen. »Da gibt es keinen Platz mehr in mir für Bedauern, keinen Ruf nach anstehenden Verpflichtungen – einfach da sein, präsent sein. Die simple Erfahrung von Erregung, Vergnügen, Lust, ausgelöst durch Berührung, Geschmack und Schauen nehmen uns nicht aus der Welt heraus, sondern verstärken unsere Wahrnehmung der Welt« (Whitehead 2009, 91f.).

Eine solche Spiritualität des Genießens kann sich auf viele Bereiche deines persönlichen und beruflichen Lebens positiv auswirken. Wenn die Erfahrung von Genießen uns gegenwärtig sein lässt, kann das auch ein Weg sein, überhaupt bewusster zu leben, den heutigen Tag, wie Meister Eckhart empfiehlt, zum wichtigsten Tag zu machen. Dein Leben in Fülle zu kosten. Auszukosten. Nicht daran vorbeizuhetzen. Einen Termin nach dem anderen wahrzunehmen, einer Verpflichtung nach der anderen nachzukommen. Einen Vortrag nicht einfach ablesen, einen Gottesdienst nicht einfach hinter sich bringen, sondern sie auskosten, genießen und dabei ganz präsent sein.

Das heißt, es geht nicht darum, auf die Freuden des Genießens zu verzichten. Es geht vielmehr darum, indem wir uns befreien von unserer Abhängigkeit von dem Vergnügen, das vom Essen, Trinken, Sexualität herrührt, erst wirklich ohne Bedenken einfach genießen zu können. Auch weil wir dann nicht länger wie aus einem Zwang heraus essen, trinken, rauchen, Sex haben, sondern ganz bewusst, jeden Augenblick dabei auskosten. Der Augenblick dabei zum Sakrament, zu einem heiligen Geschehen wird.

Sei dir bewusst: Jeder Bissen ist göttlich

Manchmal erschrecke ich regelrecht, wenn ich Personen, darunter auch Seelsorger und Geistliche in höheren Positionen, begegne, die schlicht zu dick sind, um es vornehm auszudrücken. Seelsorger und Seelsorgerinnen sind hier besonderen Gefahren ausgesetzt. Sie werden oft eingeladen. Ihnen zu Ehren werden besondere Gerichte gekocht, natürlich auch mit der Erwartung, dass sie davon kosten und es ihnen schmeckt. Hier eine gute Balance zwischen Höflichkeit und notwendigem Verzicht zu erlangen, ist für sie nicht immer leicht. Am Abend, wenn sie müde nach Hause kommen, manchmal in ein leeres Pfarrhaus, gönnen sie sich zur Entspannung ein Bier oder ein Gläschen Wein oder aber auch zwei, drei Flaschen Bier, eine halbe oder gar eine ganze Flasche Wein. Man gönnt sich ja sonst nichts, mögen sie denken. Tagsüber nehmen sie sich oft nicht die Zeit, ein Mittagessen einzunehmen, sondern schlingen ein Fertiggericht hinunter und schauen dabei wenig darauf, wie gesund das Essen ist. Hauptsache der Hunger wird gestillt. Essen oder trinken genießen – wann denn, wie denn? Das alles mag etwas übertrieben klingen, doch trifft es mal mehr und mal weniger zu.

»Every bit is divine – Jeder Bissen ist göttlich« heißt der Titel eines US-amerikanischen Buches. Das muss man sich auf der Zunge zergehen lassen. Jeder Bissen ist göttlich. Wenn du mit dieser Einstellung isst, überlegst du dir, was du isst, zelebrierst und genießt du dein Essen. Du würdigst die Speisen und die Getränke, die du zu dir nimmst, betrachtest sie als Gaben Gottes. »Egal ob du trinkst oder isst oder was immer du tust, tu alles zur Ehre Gottes«, heißt es im 1. Korintherbrief (10,31). Bei dieser Vorstellung machst du dir bewusst, dass alles, was du zu dir nimmst, ein Teil der Schöpfung ist, jeder Bissen, ob pflanzlicher oder tierischer Herkunft, den Einsatz und die Mühen zahlreicher Menschen voraussetzt. Wenn du das mit bedenkst, kannst du voller Dankbarkeit genießen.

So kann das Essen zu einer tiefen spirituellen Erfahrung werden, ganz im Sinne der jüdischen Weisheit. Danach sollte die Person, die isst, sich ganz auf das Essen und die Erfahrung des Essens konzentrieren, sich dabei von allen Gedanken frei machen, die ihr durch den Kopf gehen. Sie sollte sich bewusst machen, dass der Geschmack des Essens auch Ausdruck des Göttlichen im Essen ist, und dass, indem sie es isst, ein Funke des Göttlichen einverleibt wird. Sie kann weiter zu sich sagen, dass die Energie, die sie aus dieser Nahrung erhält, in den Dienst Gottes gestellt werden soll. Es heißt, wenn jemand das so tut, wird es so verstanden als würde er das Essen, das er einnimmt, auf dem Großen Altar in Jerusalem opfern (vgl. Walsh 1999, 185).

DANKGEBET

Deine Achtsamkeit gegenüber dem Essen kann dann auch in einem Dankgebet vor dem Essen zum Ausdruck gebracht und verstärkt werden. Dabei kommt es darauf an, dass du wirklich die Dankbarkeit, die dich erfüllt, etwas zum Essen zu haben, die Dankbarkeit gegenüber den Menschen, die dazu beigetragen haben, dass das Gemüse jetzt wohl zubereitet auf deinem Teller für dich angerichtet ist, die Dankbarkeit gegenüber Gott, dem Schöpfer aller Dinge, empfindest und in dem Gebet zum Ausdruck bringst. Ein schönes, altes Gebet findet sich in Psalm 145,15-16:

Aller Augen warten auf dich,
und du gibst ihnen Speise zur rechten Zeit.
Du öffnest deine Hand
und sättigst alles, was lebt, nach deinem Gefallen.

Sei achtsam beim Essen
Essen und Trinken zählen neben der Luft zu den fundamentalsten Voraussetzungen, um leben zu können. Eine Spiritualität des Genießens kann dich dafür sensibilisieren, was deinem Leib tatsächlich gut tut, welche Ess- und Trinkgewohnheiten zu deiner Gesundheit und Heiligkeit beitragen und welche dich krank werden lassen. Im Unterschied zu einer Spiritualität der Enthaltsamkeit und des Fastens bildet sich erst eher vorsichtig eine solche Spiritualität des Genießens, im Sinne des rechten Umgangs mit Essen und Trinken heraus (vgl. Woods 2008, 116ff.). Dabei wäre das angesichts des zum Teil sehr ungesunden Umgangs mit Essen und Trinkens (Fast Food, Junk Food), den wir in unserer Gesellschaft feststellen müssen, höchste Zeit dafür.

Wenn du zu viel isst und eine unausgeglichene Ernährung bevorzugst, wird dies zu Fettleibigkeit (Adipositas), später möglicherweise zu Diabetes oder Herzproblemen führen. Zu dem ungesunden Essverhalten gesellt sich oft ein übermäßiger Genuss von Alkohol. Tiefere Ursachen für Übergewicht und Adipositas können weiter mangelnde oder unbefriedigende Erfahrungen von Intimität sein, die über Essen und Trinken kompensiert werden. Eine Spiritualität, die an deiner körperlichen Gesundheit interessiert ist, will aber dazu beitragen, dass du gesund bleibst oder wieder gesund wirst. Da du wissen müsstest, dass ein entscheidender Auslöser für Krankheit, gar Tod, auch ungesunde Ernährung sein kann, musst du dich fragen, nach welcher Spiritualität du lebst, wenn du dich ungesund ernährst und nicht verantwortungsvoll mit Alkohol umgehst.

So fängt eine Spiritualität der Ernährung damit an zu wissen, was du isst und trinkst. Sie unterstützt dich dabei, kontrollieren zu können, wann und wie viel du isst und trinkst. Zu viel Alkoholgenuss ist schädlich, ein gemäßigter Genuss von Alkohol kann dagegen gesund sein.

In einem Sprichwort heißt es: Jemand ist, was er isst. Wie und wie viel du isst, darin zeigt sich auch, in welche Beziehung du zu dir selbst trittst, wie du dein Leben gestaltest. Du kannst dein Essen herunterschlingen, oder aber dein Augenmerk darauf werfen, wie du isst, was du isst, wie viel du isst. Du reagierst dann nicht nur auf einen Drang oder ein Bedürfnis, sondern regulierst und gestaltest sie.

Das kannst du tun, indem du das Essen um Rituale und Symbole bereicherst, die dich daran erinnern, dass es dabei, so Richard J. Woods, um mehr als nur eine Nahrungsaufnahme geht.

So essen wir zunächst, um Energie zu haben und produzieren und bereiten deswegen Nahrung und Getränke. Auf einer tieferen psychologischen und sozialen Ebene kommen dem Essen und dem Trinken aber auch eine symbolische Bedeutung zu. Wir erfreuen uns am Geburtstagskuchen und Sekt nicht nur deswegen, weil sie uns körperlich nähren, sondern auch weil sie Ausdruck unserer Freude und Ausdrucksformen einer Feier sind. Essen und Trinken bekommen eine weitere und tiefere Bedeutung, wenn sie einen Bezug zum Transzendenten haben, etwa im Rahmen einer Eucharistiefeier.

NOCH EINMAL HINSCHAUEN

Bei deiner Entscheidung, was und wie viel du isst, sei sensibel, was deinem Leib wirklich gut tut. Deine Entscheidung wird dann davon bestimmt, welche Auswirkungen das Essverhalten auf deine Gesundheit hat. Du siehst jetzt nicht nur die Schwarzwälder Kirschtorte, die dir alleine schon beim Anschauen das Wasser im Mund zusammenlaufen lässt. Auch bleibst du nicht bei der wunderbaren Vorstellung hängen, wie köstlich sie sicher schmecken wird. Du nimmst diese Reaktionen wahr, um dir dann zugleich auch bewusst zu machen, welche weiteren Auswirkungen der Verzicht des Kuchens auf deinen Körper und dein Wohlbefinden haben mag: ein Völlegefühl, die Enttäuschung darüber, in deinem Bemühen, abnehmen zu wollen, versagt zu haben, negative Auswirkungen auf deinen Cholesterin-Spiegel und damit auf deine Gesundheit. Du beginnst abzuwägen, um dich vielleicht zu entscheiden, heute eine Ausnahme zu machen und dir ein Stück Torte zu gönnen, oder darauf zu verzichten.

Wenn du noch einmal hinschaust, siehst du nicht nur das Verlockende, sondern auch die Konsequenzen. Noch einmal hinschauen heißt im Lateinischen *respicere*, von dem das Wort Respekt abgeleitet wird. Schaust du noch einmal hin, siehst du nicht nur das Essen, sondern auch deinen Leib, der keine »Tonne« ist, die du einfach nur vollstopfen kannst. Deinen Körper bzw. deinen Leib aber hast du nicht nur, sondern bist du selbst. Alles, was mit unserem Leib geschieht, hat daher mit dir selbst, deiner ganzen Person, zu tun. In der Fähigkeit, noch einmal hinschauen zu können, kommen dein Respekt und deine Sensibilität dir selbst gegenüber zum Ausdruck.

Es ist die Achtsamkeit, die du diesen Vorgängen schenkst, die dich in die Lage versetzt, achtsam, liebevoll, verantwortungsvoll mit dir umzugehen. Dabei hat es sich als hilfreich erwiesen, wenn du zum Beispiel vorhast abzunehmen, lieber auf wenig zu verzichten und realistische Ziele anzustreben als radikal vorzugehen, um am Ende von deinen alten Essgewohnheiten sehr schnell wieder eingeholt zu werden. Manche finden Unterstützung bei ihrem Vorhaben, weniger zu essen, wenn sie bei dem Hungergefühl, das sich dann bei ihnen einstellt, an die vielen hungernden Menschen in der Welt denken und dabei ihr Mitgefühl für die Hungrigen vertiefen, damit aber ihrer Seele zuarbeiten, die will, dass wir nicht nur um uns kreisen, sondern uns auch für die Welt und unsere Mitmenschen öffnen.

Achtsamkeit trägt also zu deiner Heilung bei, verhindert krank zu werden. »Viele der ungesunden und selbstzerstörerischen Dinge, die wir tun, rühren von automatischen, unbewussten Reaktionen her. Wir empfinden Angst und schon greifen wir zur Zigarette, wir fühlen uns einsam und stellen plötzlich fest, dass wir ein ganze Tafel Schokolade verzehrt haben, wir fühlen uns verletzt durch eine anscheinend absichtslos ausgesprochene Bemerkung und gefährden eine Freundschaft, indem wir zurückschlagen. Diese Reaktionen sind das Ergebnis von Unachtsamkeit und können durch Achtsamkeit verhindert werden« (Walsh 1999, 182).

GESUND ERNÄHREN – EINE EMPFEHLUNG

1. Vergiss jede Diät!
2. Du darfst alles essen, aber iss langsam, mit Freude und mit allen Sinnen.
3. Iss immer so lange, bis das erste Sättigungsgefühl auftritt – und dann höre auf.
4. Nimm keine Kalorien »zwischendurch« auf – stattdessen lieber viel lauwarmes Leitungswasser.
5. Halte 1x am Tag ein Hungergefühl aus und denke daran, dass (kurzer) Hunger »lebensverlängernd« ist (= Heilfasten).
6. Iss viel frisches Obst und Gemüse.
7. Besonders stimmungsaufhellende Nahrungsmittel: Bananen, Nüsse, Milch, Dinkel, Soja
8. $^1/_8$ l Wein täglich (nicht mehr) beugt Herzinfarkt vor
9. Nahrungsergänzung: z.B. Centrum 1 Tablette täglich (Monatskosten ca. 10 €)

Nach Dr. med. Michael Kropp, unveröffentlicht

ENTSPANNE

Folge dem Rhythmus deines Herzens

Eine Spiritualität, die zu deinem Segen und Wohlbefinden gereichen will, trägt dazu bei, dass du immer wieder in den von deinem Herzen vorgegebenen Rhythmus einschwingst. So kann dein Herz nicht immer nur für andere schlagen. Der ständige Einsatz für andere kann dazu führen, dass du keine Zeit mehr für dich selbst, für zweckfreies Tun hast, du dich verausgabst und deine Arbeit dir mit der Zeit keine Freude mehr bereitet, ja du ihrer überdrüssig wirst. Eine Spiritualität, die sich gegen das Herz eines Menschen wendet, die sich nicht aus dem Herzen eines Menschen herausentwickelt, ist keine gesunde Spiritualität. Sie trägt nicht zu deiner Gesundheit bei, sondern führt dich in die Krankheit. Eine gesunde Spiritualität lädt dich ein, bei dir selbst einzukehren. Sie nimmt ernst, was Bernhard von Clairvaux in einem Schreiben an den damaligen Papst feststellte:

> »*Wie kannst du voll und echt Mensch sein, wenn du dich selbst verloren hast? Was würde dir aber nützen, wenn du – nach dem Wort des Herrn – alle gewinnen, aber als einzigen dich selbst verlieren würdest? Wenn also alle Menschen ein Recht auf dich haben, dann sei auch du selbst ein Mensch, der ein Recht auf sich selbst hat. Warum solltest eigentlich du selbst nichts von dir haben? Wie lange noch bist du ein Geist, der auszieht und nie wieder heimkehrt?*«

So ist es ist wichtig, dass du immer wieder innehältst, dich deiner selbst vergegenwärtigst. Das kann geschehen, wenn du deinem Atem deine Aufmerksamkeit schenkst. Ganz bewusst ein- und ausatmest. Roger Walsh (1999, 161) schlägt folgende kleine Übung vor:

ACHTSAMKEITSÜBUNG

Lenke deine Aufmerksamkeit auf dein Atmen. Atme drei Mal hintereinander lange und langsam ein, und während die Luft entweicht, entspanne und lasse los. Wenn du willst füge in deinen Gedanken einige Worte hinzu, zum Beispiel:

Während in einatme lächle ich,
während ich ausatme entspanne ich.
Das ist ein wunderbarerer Augenblick.

Da wir oft schnell dabei sind, gute Vorsätze zu treffen, wir aber recht schnell von der Wirklichkeit, der Routine des Alltags eingeholt werden, kann es helfen, feste Zeiten mit sich zu vereinbaren, an denen wir in einen bewussten Kontakt mit uns treten. Der Beginn des Tages oder auch der Abend bieten sich dafür an. Doch auch während des Tages, ja gerade dann, sollte es solche Zeiten geben und wenn es nur zwei, drei oder fünf Minuten sind. Bei den Benediktinern war es früher üblich, bei jedem Glockenschlag innezuhalten und ein kurzes Gebet zu sprechen. Das kann auch eine Übung dafür sein, im Innehalten mit mir Kontakt aufzunehmen, mich zu vergegenwärtigen und mir bewusst zu werden, dass ich gerade dabei bin, aus dem Lot zu geraten, mich selbst zu vergessen, mich zu verausgaben. Oder ein bewusstes Einatmen vor einer schwierigen Begegnung kann mir helfen, mich auf mich zu konzentrieren, mich bewusst in die augenblickliche Situation zu holen. Ich praktiziere dies oft vor Vorträgen und durfte dabei erfahren, wie sehr es mir hilft, präsent zu sein, ganz da zu sein und mich einfach dem Geschehen zu überlassen.

So ermutigt dich eine gesunde Spiritualität auch in bestimmten Situationen »Nein« zu sagen, wenn zu deinem eigenen Schutz, aus Rücksicht und Fürsorge für dich selbst, ein Nein nicht nur angemessen, sondern notwendig ist. Eine Spiritualität, die an deiner Ganzheit, Gesundheit und Heiligkeit interessiert ist, fördert deine Wachheit und Sensibilität für den Rhythmus, der dir von deinem Körper und deinem Herzen vorgegeben wird. Sie will, dass du dich an diesen Rhythmus hältst.

In einer afrikanischen Geschichte heißt es:
Ein weiser Afrikaforscher konnte es nicht erwarten, endlich ins Landesinnere vorzustoßen. Um früher an sein Ziel zu gelangen, gab er den Trägern, die ihn begleiteten, zusätzliches Geld, damit sie schneller gingen. Diese legten dann auch ein schnelleres Tempo vor, bis sie sich eines Abends auf den Boden setzten, das Gepäck ablegten und sich weigerten weiterzugehen. Auch durch mehr Geld ließen sie sich nicht dazu bewegen weiterzumarschieren. Als der Forscher sie nach dem Grund ihres Verhaltens fragte, sagten sie: »Wir sind so schnell gegangen, dass wir nicht mehr so recht wissen, was wir tun. Darum warten wir, bis unsere Seele uns eingeholt hat.«

Burn-out und Stress – verausgabe dich nicht!

Kommt deine Seele nicht mehr nach, weil du den Rhythmus des Herzens verlassen hast, gerätst du in Stress. Körperlicher und noch mehr sozialer Stress aber, sei es zu Hause, in der Familie oder am Arbeitsplatz, haben physiologische Auswirkungen auf unseren Körper und können in extremer Ausprägung das Risiko für einen Herzinfarkt und Tod erhöhen (vgl. Woods, 2008, 131ff.). Neuere Studien deuten an, dass Männer und Frauen unter 50 hier besonders gefährdet sind. Stress ist eine unspezifische, körperliche Antwort auf Veränderungen, unabhängig davon, ob es sich um einen so genannten *Eustress* handelt – wir gewinnen unerwartet eine Million Euro, heiraten, werden befördert – oder um einen negativen, gefährlichen Stress, *Disstress* genannt – wir erleiden einen Unfall, werden gekündigt –, der negative Einfluss auf unsere Gesundheit kann in beiden Fällen genauso schädlich sein.

Die gefährlichen Auswirkungen von Stress – darunter Erkrankungen des Herzens und Krebs – zu verhindern, ist ein wichtiges Ziel für alle, die im Gesundheitsbereich tätig sind. Versteht man Stress als eine psychosomatische Antwort auf Lebensereignisse, dann hat Stress nicht nur etwas mit unserem Körper und unserer Psyche zu tun, sondern auch eine spirituelle Dimension. Dabei kann es auch darum gehen, herauszufinden, wie wir körperlich, psychisch und spirituell mit Stress umgehen, um dabei zu lernen, was uns hilft, uns noch besser von stressauslösenden Ereignissen fernhalten zu können. Also, welche Verhaltensweisen, Wertvorstellungen, Ideen, Überzeugungen wir hinterfragen und gegebenenfalls ändern müssen, um weniger Stress in unserem Leben zu erzeugen.

Wenn du dich für andere einsetzt, in deinem Dienst aufgehst, dabei aber auf Dauer dich selbst und deine Grundbedürfnisse außer Acht lässt, läufst du Gefahr auszubrennen. Oft fehlt dir dann nicht nur die angemessene Sorge um dich selbst, sondern auch die angemessene Sensibilität für die Menschen deiner Umgebung, einschließlich deiner Mitarbeiter. Alles wird zur Leistung, selbst die Freizeitgestaltung. Einhergehend damit wirst du zunehmend bei deiner Arbeit kaum mehr Freude und Lust verspüren.

Schwester Petra, Pastoralreferentin in einer großen Pfarrei, kommt in der Regel zu spät zu den Gebetszeiten und

Mahlzeiten ihrer Gemeinschaft. Sie ist ständig auf Achse. Sie ist die Ansprechpartnerin in der Gemeinde, ist zuständig für die Firmkatechese, hat sechs Stunden Religionsunterricht in der Woche zu halten, zwischendurch fallen immer wieder Beerdigungen an, am Abend finden diverse Sitzungen statt usw. Zu Hause angekommen, arbeitet sie bis spät in die Nacht an ihrem Laptop, um Predigten oder den Unterricht vorzubereiten. Sie findet viel Anerkennung in der Gemeinde für ihren Einsatz. Ihre Mitarbeiter aber hegen ambivalente Gefühle ihrer Chefin gegenüber. Zum einen bewundern sie sie, zum anderen merken sie, dass sie den hohen Erwartungen von Sr. Petra nicht entsprechen können. Sie kritisiert sie oft und konfrontiert sie mit ihrer Unfähigkeit. Die Mitschwestern von Sr. Petra spüren, dass sie etwas bei ihr vermissen. Sie lebt nicht wirklich mit ihnen. Sie kennen sie nicht wirklich. Kaum fängt man einmal an, über etwas Persönliches zu sprechen, beginnt sie von ihrer Arbeit zu sprechen. Bei Gemeinschaftsveranstaltungen geht sie der direkten Aussprache miteinander aus dem Weg. Spricht man sie daraufhin an, erwähnt sie die viele Arbeit, die sie habe, und die vielen Bedürfnisse der Pfarrangehörigen, denen sie gerecht werden müsse. Sie erinnert ihre Mitschwestern daran, dass das auch die Aufgabe und Mission des Ordens sei.

Sr. Petra verwechselt harte Arbeit und Einsatz für andere mit Arbeitswut. Der Workaholic arbeitet nicht nur hart, er stellt unmöglich erreichbar hohe Standards auf und ist besetzt von dem Gefühl, nie gut genug zu sein. Sein Bedürfnis, andere zufriedenzustellen, ist so stark in ihm vorhanden, dass er nicht in der Lage ist, zu erkennen, zu welch verheerenden seelischen und körperlichen Folgen das führen kann. Er kennt bei sich ein starkes Bedürfnis, andere zu kontrollieren und Situationen zu beherrschen. Es fällt ihm schwer, Verantwortung zu delegieren. »Um sicherzugehen, dass es gut gemacht wird, muss ich es selbst machen.«

Dem Workaholic fehlt eine notwendige Ausgeglichenheit zwischen Arbeit und freier Zeit. Es bleibt wenig oder kaum Zeit, persönliche Beziehungen aufzubauen und zu pflegen. Die Sorge um sich selbst wird sehr klein geschrieben. Gesundheitliche Probleme werden solange übergangen, bis sie nicht länger zu übersehen sind. Von einem Projekt zum anderen hetzend, fühlt sich der Workaholic am lebendigsten, wenn er so mitten drin ist in seinem Stress. Das gibt ihm einen Kick. Die Kehrseite ist, dass der Workaholic die Arbeit dazu benutzt, unangenehmen Gefühlen aus dem Weg zu gehen und dabei immer unsensibler gegenüber seinen Wünschen und Bedürfnissen wird. Seine Umgebung merkt, dass die Arbeit ihm wichtiger ist als Beziehungen, mit dem Ergebnis, dass sie sich immer mehr zurückzieht.

Konfrontiert man den Workaholic mit seinem Verhalten, trifft man in der Regel auf Widerstand. Lässt sich der Workaholic mit der Zeit auf Hilfe und Beratung ein, werden sich oft in seiner Kindheit Gründe für sein Verhalten ausmachen lassen. Oft musste er in einer schwierigen oder chaotischen Familie die Verantwortung übernehmen. Geduldig kann es darum gehen, mit der Zeit in dem Workaholic ein Gespür dafür zu wecken, dass er ein Recht besitzt, sich um sich und seine Gesundheit zu kümmern. Überzeugungen wie »Ich bin nur dann liebenswert, wenn ich erfolgreich bin«, müssen durch Überzeugungen wie »Ich bin liebenswert so wie ich bin, nicht aufgrund meiner Arbeit« ersetzt werden.

Wenn die Sorge um uns selbst zu kurz kommt, wenn ein notwendiger Ausgleich zwischen *pain-area,* Arbeitsbereich, und *play-area,* Freizeitbereich, nicht gewährleistet wird, besteht die Gefahr, dass wir innerlich ausbrennen, in ein Burn-out geraten. Unter Burn-out versteht man zunächst einmal, wenn das Innere eines Gebäudes ausgebrannt ist. Weiter kann Burn-out den Zusammenbruch eines Stromkreislaufs bedeuten, wenn durch eine zu hohe Temperatur die Sicherung durchgebrannt ist. Schließlich kann ein Burn-Out nach einem Waldfeuer entstehen, bei dem der vitale Humusboden zerstört wurde.

Beziehe ich das jetzt auf Menschen, dann kann Burn-out heißen: Dieser Mensch wirkt wie ein ausgebranntes Haus, ein Haus, dessen Inneres ausgebrannt ist. Oder: Diese Person, die einst über viel Energie verfügte, verfügt jetzt über keine Energiezufuhr mehr. Oder aber: Diese Person verfügt nicht mehr über die Kraft, sich selbst zu erneuern. Diese Kraft ist zerstört worden. Die Gründe dafür sind vielfältig: Einmal ist es ein sehr stark ausgeprägtes Verantwortungsgefühl, dann ein geringes Selbstwertgefühl. Wenn der Seelsorger ständig mehr gibt als an physischer und psychischer Energie vorhanden ist oder er meint, alles hundertprozentig tun zu müssen, läuft er Gefahr auszubrennen.

Du wirst dann gerne deiner Arbeit nachgehen, wenn du ein positives, ein wohlwollendes, ein von Liebe getragenes Verhältnis zu dir selbst hast und dich dementsprechend dir selbst gegenüber verhalten, dich auch in einer angemessenen Weise dir selbst gönnst. Das hat nichts mit Egotrip zu tun. Wenn du dich in einer angemessenen Weise um dich selbst kümmerst, deinen fundamentalen leiblichen und seelischen Bedürfnissen nachkommst, hast du auch viel übrig für andere.

BIN ICH EIN WORKAHOLIC?

Um feststellen zu können, ob du ein Workaholic bist, versuche folgende Fragen zu beantworten:
- Wann hast du das letzte Mal wenigstens einen halben Tag lang ohne jeden Bezug zur Arbeit verbracht? Einschließlich Handy, Internet usw.
- Kannst du ein persönliches Ziel nennen, das du innerhalb der letzten sechs Monate verwirklicht hast und das in keinem Zusammenhang mit deiner Arbeit steht?
- Kommunizierst du regelmäßig – täglich oder wöchentlich – mit den drei wichtigsten Menschen in deinem Leben? (vgl. Kase 2009)

Spiele das Leben

Eine gesunde Spiritualität sorgt dafür, dass du genügend Ausgleich hast, genügend Zeit zum zweckfreien Tun findest. »... ich war reich, wenn auch nicht an Geld, so doch an sonnigen Stunden und Sonnentagen, ich gab sie aus mit offener Hand. Auch bedauere ich nicht, dass ich nicht mehr von ihnen auf dem Katheder und in der Werkstatt verschwendete. Die Kinder, die das Leben *spielen*, erfassen seine wahren Gesetze und Beziehungen richtiger als die Erwachsenen, die nicht fertig bringen, es würdig zu leben ...« (Thoreau 1979, 193).

Du solltest dir eine gewisse Kindlichkeit bewahren. Du siehst das in Erwachsenen, die sich noch wundern können, die begeistert sein können von etwas, die spontan und enthusiastisch sind, die sich die Zeit dafür nehmen, aus Neugierde und um des Vergnügens willen Neues zu lernen. Die jetzt leben, statt in der Vergangenheit oder sich in der Zukunft aufhalten. Die sich die Fähigkeit erhalten haben, zu spielen. Denken wir an Kinder, die um des Vergnügens willen herumrennen im Unterschied zu erwachsenen Menschen, die ständig ihren Puls messen oder die eine bestimmte Entfernung in einer bestimmten Zeit laufen möchten. Wirklich spielen heißt, etwas Zweckfreies zu tun, wie ein Puzzle spielen, in einen Vergnügungspark gehen, Skat spielen usw.

Malen, Gedichte schreiben, Tanzen oder Musik können Weisen sein, die unserer Seele gut tun, uns einfach gut tun. Ein Gemälde zu betrachten, ein architektonisch ansprechendes Gebäude zu bestaunen, kann uns aus der Tretmühle eines auf Funktionieren ausgerichteten täglichen Lebens emporheben. Staunen, ergriffen sein angesichts eines Sonnenuntergangs, innerlich erschauern, wenn wir einen erhabenen Augenblick erfahren, sind wichtige Erfahrungen, die wir immer wieder haben sollten, wollen wir, dass unser Leben reich bleibt, reich ist für unsere Seele, im Sinne von Henry David Thoreau. Auch ein Gebet, bei dem wir die übliche Verständigungsebene verlassen und uns auf eine andere Ebene begeben, uns an die Welt des Ewigen anschließen, kann Nahrung für unsere Seele sein. Eine Spiritualität, die uns zu all dem einlädt, erweist sich als eine gesunde Spiritualität, die im Sinne von Irenäus von Lyon davon ausgeht, dass der *lebendige* Mensch zur Ehre Gottes beiträgt.

Liebe dich selbst

Um ein inneres Ausbrennen verhindern zu können, ist es notwendig, mit dir selbst nachsichtig zu sein, deine Grenzen zu erkennen und anzuerkennen. Dir liebevoll deine Ungeduld, die du angesichts deiner Grenzen verspürst, zu verzeihen. Vor allem aber, dich selbst zu lieben und dir selbst gegenüber Mitleid zu empfinden. Alexander Lowen, der Begründer der Bioenergetik, schreibt: »Die Wärme, die uns mit der Welt vereint, in der wir leben, fließt von unserem Herzen ... Wenn man ein erfüllteres und reicheres Leben führen möchte, muss man sein Herz zuerst dem Leben und der Liebe öffnen. Ohne Liebe – zu sich selbst, zu Mitmenschen, zur Natur, zum Kosmos – ist ein Mensch kalt, isoliert und inhuman, also unmenschlich.«

Wenn du mit offenem Herzen durch das Leben gehst, verlässt du dich auf dein Herz. Dann dient dir dein Herz als Radarschirm und Kompass. Gelingt dir das, musst du keine Angst haben, dass deine Arbeit oder andere zu kurz kommen. Zugleich musst du aber auch keine Angst haben, dass du zu kurz kommst. Gehst du mit offenem Herzen durch die Welt, wirst du vieles zulassen können, wird dich vieles – auch tief – bewegen, wirst du spontan in Aktion treten können. Du wirst zugleich aber auch immer wieder beschenkt werden, etwas bekommen, bereichert werden.

Gönne dir genügend Schlaf

»In Frieden lege ich mich nieder und schlafe ein; denn du allein, Herr, lässt mich sorglos ruhen«, heißt es in Psalm 4,9. Ein guter Acht-Stunden-Schlaf ist eine notwendige Voraussetzung für deine körperliche und seelische Gesundheit. Auch ist der Schlaf ein Zustand, in dem du dich zurückziehst, die Kontrolle über dich abgibst, dich ganz der Obhut einer größeren Macht, Gott, überlässt. Ein gesunder Schlaf stellt eine wesentliche Voraussetzung für deine Leistungsfähigkeit, aber auch für dein seelisches und körperliches Wohlbefinden dar. Das trifft auch zu, wenn manche den Mythos verbreiten, wonach Menschen, die weniger schlafen, produktiver und erfolgreicher seien. Tatsache ist, dass gut ausgeschlafene Menschen zielgerichteter und effizienter sind als Personen, die zu wenig Schlaf haben, vor allem aber auch weniger anfällig sind für körperliche oder seelische Erkrankungen, wie Burn-out, Depressionen (vgl. Hall 2009, 6 G) und eine erhöhte Suizidalität. Flann O'Brien meint: »Wenn man schläft, ist man durchdrungen und verloren in einer sanften, tonlosen Glückseligkeit: Im Wachzustand ist man rastlos und wird gequält von seinem Körper und der Illusion zu existieren« (Coughlan 2009, 15).

Von daher ist es wichtig, die Botschaften deines Körpers wahrzunehmen und zu respektieren und deinen Körper nicht in ein künstliches Muster zu zwingen, das dazu führt, dass du übermüdet bist. Wenn du müde bist, kann das zunächst einfach heißen, dass dein Körper Erholung braucht. Du bist dann gut beraten, das ernst zu nehmen, jedenfalls nicht ständig zu übergehen. Denn, überhörst du auf Dauer diese Signale deines Körpers, muss er und wird er sich deutlicher melden, bis dahin, dass du ausbrennst, in den Zustand einer Erschöpfung gerätst oder depressiv wirst. Gönnst du dir dagegen genügend Schlaf, trägt das zu deiner körperlichen und psychischen Gesundheit und zu deinem spirituellen Wohlbefinden bei. Das trifft auch auf die berühmte Siesta zu. Ich erinnere mich an einen Prälaten, der zu einer nachmittäglichen Sitzung im Vatikan etwas zu spät eintraf und das mit einer Selbstverständlichkeit damit begründete, dass er sich noch eine kleine Siesta genehmigt habe. Dieser Prälat strahlte im Unterschied zu manch anderem, den ich dort antraf, eine angenehme Natürlichkeit aus, die dann auch in seinem Ausspruch unterstrichen wurde: »Bei Hofe überlebt man nur mit Humor.«

MITTAGSCHLAF

Gönne dir, wenn es möglich ist einen Mittagschlaf. Schon eine Viertelstunde kann anschließend deine körperliche und geistige Leistungsfähigkeit verbessern. Dabei solltest du nicht den Wecker stellen, sondern auf das natürliche Aufwachen warten (vgl. Frankfurter Allgemeine Sonntagszeitung vom 21. Juni 2009, Nr. 25, 53). Oder halte in der einen Hand deinen Schlüsselbund und warte, bis du in dem Moment geweckt wirst, in dem der Schlüsselbund dir aus der Hand fällt.

An dieser Stelle werden viele mit sich hadern. Zum einen werden sie darauf verweisen, dass es gar nicht so einfach ist, den Botschaften des Körpers Folge zu leisten, wenn man ein bestimmtes Pensum an Arbeit erledigen muss. Wieder andere werden einbringen, dass die Not der anderen es von uns geradezu verlangt, uns einzusetzen und wir uns mit Rücksicht auf unsere Gesundheit davon nicht abhalten lassen können. Denen kann ich nur sagen, so sehr es immer wieder auch Ausnahmesituationen gibt, in denen ich mich verausgabe, wer das auf Dauer tut, dem wird die Rechnung präsentiert, die er dafür zahlen muss: Er wird krank. In manchen Fällen verhält es sich aber auch so, dass man nur meint, so viel tun zu müssen, oder man das Opfer eines letztlich unerlösten Dranges ist, um der eigenen Wichtigkeit willen ständig auf Trapp sein zu müssen. Das sind dann auch die Personen – nicht selten in hohen Stellungen –, die ständig zu spät kommen, wenn sie da sind einschlafen und gar nicht merken, wie sehr sie durch ihr Verhalten anderen gegenüber, für die sie angeblich da sein wollen, ihr Desinteresse, ja ihre Missachtung zum Ausdruck bringen.

Wenn wir die Bedeutung des Schlafes würdigen, unterstützen wir Maßnahmen, die ein gutes und gesundes Schlafen begünstigen (vgl. Woods 2008, 146f.). Das kann damit beginnen, ganz bewusst nur solche Nahrung aufzunehmen, die den Körper nicht zu sehr belasten, wie Milchprodukte, Geflügel, Bananen, Kartoffeln, Fisch, Mandeln. Oder sich vor dem Zubettgehen etwas zu bewegen, indem man schwimmt oder einen kurzen Spaziergang unternimmt. Atemübungen und progressive Muskelentspannung können sich positiv auf unseren Schlaf auswirken, während anstrengende sportliche Aktivitäten eher kontraindiziert sind. Oder man entspannt sich bei Musik von Bach, Buxtehude, Haydn, Händel oder Mozart, um nur einige mögliche Komponisten zu nennen.

EIN TAGEBUCH FÜHREN

Nimm dir am Abend 10 bis 15 Minuten Zeit und denke über den Tag nach. Lege dir ein Tagebuch zu, in das du alles, was dir den Tag über wichtig war – äußere Ereignisse, aber auch innere Vorgänge – einträgst. Oder schreibe dir einfach von der Seele, was dich am Ende des Tages noch beschäftigt und bewegt. Ein Tagebuch kann deinem Leben, so Rainer Wieland (2010), Struktur und eine gewisse Tiefe geben. Auch hat es etwas Befreiendes an sich und leistet damit einen Beitrag zur Psychohygiene, den ganzen Müll des Tages zu Papier zu bringen.

Der Dominikaner Sertillanges meint (in: Woods 228, 154): »Schlaf selber ist ein Arbeiter, ein Partner der täglich anfallenden Arbeit; wir können seine Kräfte für uns nützlich machen, seine Gesetze nutzen, profitieren von diesem Filterungsprozess, dieser Klärung, die stattfindet, während wir uns der Nacht überlassen ... Wenn du aufwachst ... erscheint dir die Arbeit des vorausgegangenen Tages in einem klaren Licht; ein neuer Pfad, eine jungfräuliche Region liegt vor dir; eine Beziehung zu Ideen, Tatsachen, Ausdrucksformen, ein glücklicher Vergleich oder eine dich illuminierende Vorstellung, ein Plan, der verwirklicht werden kann, werden dir bewusst. Das Ganze ist da, klar und deutlich. Du musst nur im richtigen Moment das nutzen, was für dich zu tun der Schlaf sich herabgelassen hat.« Was aber der Schlaf alles für uns tut, wissen wir noch längst nicht. Er dient jedenfalls nicht nur oder ausschließlich der Erholung. So wird dem Schlaf unter anderem die Funktion zugeschrieben, neue Eindrücke und Verknüpfungen mit älteren, bereits emotional gefärbten Gedächtnisinhalten zu verarbeiten und zu verknüpfen, Nervenverbindungen zurückzubilden, die sich im Wachzustand aufgebaut haben, um somit Platz zu schaffen für neue Eindrücke (vgl. Albrecht 2009, 49).

Würdige deine Träume

Auch in den Träumen liegt ein gesundheitsförderndes Potenzial. Nach Sigmund Freud ist der Schlaf der Wächter der Träume. Bei Menschen, die über eine längere Zeit keinen sogenannten Traumschlaf hatten, kann sich mit der Zeit Stress in Form von Angst, Depression, Umtriebigkeit einstellen, bis hin zu Halluzinationen entwickeln (vgl. Woods 2008, 147ff.).

In unseren Träumen können Reste von Tageserfahrungen, darunter auch mit Stress verbundene Erfahrungen, weitergeführt und bearbeitet werden und dabei Hormone und Enzyme wie Adrenalin und Noradrenalin aktivieren. Man denke etwa an die Albträume. Demnach kommt den Träumen eine physiologische Funktion zu. Weiter können wir in

Träumen Neues lernen, auf Dinge aufmerksam gemacht werden, neue Möglichkeiten aufzeigen. Hier zeigt sich die psychologische Funktion von Träumen.

Immer wieder wird in der Literatur erwähnt, dass Personen über ihre Träume Zugang zu Ideen und ihrer Kreativität gefunden haben und Hinweise, wie sie schwierige Probleme lösen können. Paganini wurde durch seine Träume für seine Musik inspiriert, Gerhardt Hauptmann für sein Schreiben, Richard Wagner benutzte Traumvorstellungen in seinen Opern.

Schließlich können wir in Träumen spirituelle Erfahrungen machen – die spirituelle Funktion von Träumen erfahren. So kann der Traum uns eine Öffnung zur Transzendenz ermöglichen, für uns zu einer inneren Wegbegleitung werden, die uns auf keine andere Weise möglich ist. Was früheren Geschlechtern – auch den Menschen der Bibel – noch als direkte Weisung Gottes galt, gilt heute etwa nach dem tiefenpsychologischen Konzept Carl Gustav Jungs, als innere Stimme aus dem Unbewussten, als Weisung durch das innerste Selbst des Menschen.

Nach der Auffassung von Bischof Synesius v. Cyrene (15. Jahrhundert) sollten die Menschen die Träume nicht verachten, sondern sie kultivieren, da sie Dinge vorausahnen und voraussagen können. Voraussetzung dafür sei allerdings, so der Patriarch Nicephorus von Konstantinopel (9. Jahrhundert), zu lernen sich selbst zu kennen und die Leidenschaften zu zähmen. »Wenn du dich selbst beherrschen kannst, wenn du schlafen gehst und dann zunächst zu Gott gebetet hast, dann magst du einige symbolische Bilder sehen, die zukünftige Ereignisse repräsentieren. Aber wenn dein Magen beschwert ist durch Fleisch und du mehr Wein getrunken hast, als gut ist, wirst du besetzt sein mit trivialen Fantasien und dein Geist wird verloren sein im Bereich der Dunkelheit« (vgl. Woods 2008, 150f.).

WAS KANN ICH TUN, DAMIT ICH GEISTIG UND KÖRPERLICH GESUND BLEIBE?

- Hindernisse sind das natürlichste der Welt, deine Aufgabe ist es, sie zu meistern.
- Die Selbstachtung ist das Fundament für jede Weiterentwicklung.
- Systematische Entgiftung des Körpers, den Körper von Schadstoffen befreien (Nahrungsgifte weg – Bewegung dazu)
- Achte auf eine positive Sprache, sage, was du sagen möchtest, sage auch freundlich Nein!
- Lerne dich zu entspannen, z.B. Autogenes Training, Yoga und körperliche Bewegung.
- Erstelle täglich eine Dankbarkeitsliste (Was ist mir heute geglückt?).
- Finde neue, für dich persönlich motivierende Aufgaben, Ziele und Visionen.
- Übernimm die Verantwortung für dein Leben. Was ist der Sinn deines Lebens?
- Setze dir kleine, erreichbare Ziele für heute, für den Monat, für das Jahr.
- Sei neugierig auf das Leben – wo und wie kannst du dich in der Welt nützlich machen?
- Gönne dir (gegen den Trend) Muse und Beschaulichkeit, weniger ist mehr!
- Klopfe dir immer wieder einmal selbst auf die Schulter, belohne dich, sei stolz auf dich!
- Mit wem wirst du heute eine echte und liebevolle Begegnung haben?

Nach Dr. med. Michael Kropp, unveröffentlicht

Du entscheidest, welche Spiritualität du pflegen willst

Du entscheidest, welche Spiritualität du pflegen und leben willst. Eine Spiritualität, die deinen Leib, deine Psyche und deine Seele ehrt, zu deiner Gesundheit und Heiligkeit beiträgt, oder eine Spiritualität, die dich krank macht. Eine Spiritualität aber, die zu deiner Gesundheit beiträgt, unterstützt und motiviert dich, rücksichtsvoll mit deinem Körper umzugehen, deine psychischen Bedürfnisse zu würdigen und Beziehungen zu pflegen, die dich tragen und dir die Erfahrung von Verbundenheit ermöglichen.

Eine Spiritualität, die die Bedürfnisse deines Leibes und deiner Seele würdigt, kommt im Buch der Psalmen zum Ausdruck, wenn es dort heißt:

> *Wohl dem, der Lust am Gesetz des Herrn hat.*
> *Der ist wie ein Baum,*
> *gepflanzt an den Wasserbächen,*
> *der seine Frucht bringt zur rechten Zeit,*
> *und seine Blätter verwelken nicht;*
> *und was er macht, das gerät wohl.*
> *Nach Psalm 1*

Wenn du die Lebenskräfte, die Gott dir geschenkt hat, zulässt, wenn du dich voll als Mensch, mit Leib und Seele, bejahst, *dann* bist du wie ein Baum, gepflanzt an den Wasserbächen, der seine Frucht bringt zur rechten Zeit. Eine Spiritualität, die an deiner seelischen und körperlichen Gesundheit interessiert ist, will, dass du gesund bleibst oder wieder gesund wirst. Wir wissen heute, dass die entscheidenden Auslöser für den Tod vieler Menschen eine ungesunde Ernährung, Umweltverschmutzung und Stress sind. Wir wissen, dass die Erfahrung von Einsamkeit, existenzieller

Angst, Sinnlosigkeit und das fehlende Gefühl Teil eines Größeren zu sein, Grund vieler seelischer Erkrankungen, und vornehmlich von Depressionen, sind. Willst du daher gesund bleiben oder werden, kann das heißen, aufzuhören mit dem Rauchen, sorgfältig mit Alkohol umzugehen, dich gesund zu ernähren, genügend zu schlafen und dich regelmäßig, an deiner Gesundheit orientiert, körperlich zu bewegen, wie spazieren gehen, laufen, schwimmen usw. (vgl. Gilmartin 1996, 6 ff.). Es verlangt weiter, dass du dich den tiefer liegenden Ursachen seelischer Probleme, wie der Erfahrung von Sinnlosigkeit, dem Gefühl allein zu sein, letztlich keinen Boden unter den Füßen zu haben, dem Bewusstsein, sterblich zu sein, stellst. Also diese Wirklichkeit nicht verdrängst. Wenn du das nicht ernst nimmst, musst du dich fragen, welche Werte deine Spiritualität pflegen und fördern. Dabei geht es zunächst um deine Gesinnung, deine religiöse Einstellung gegenüber deinem Leib, deiner Seele und deinen psychischen Bedürfnissen und Wünschen.

So geht es also darum, eine Spiritualität zu umarmen und zu pflegen, die von einer positiven Einstellung zu deinem Leib und deinen psychischen Bedürfnissen geprägt ist. Die daran interessiert ist, dass du liebes- und beziehungsfähig bist, um so in der Lage zu sein, in tiefen menschlichen Beziehungen und schließlich auch in der Beziehung zu Gott Geborgenheit, Zugehörigkeit und Erfüllung zu erfahren.

Du kannst etwas dafür tun, um gesund zu bleiben und heilig zu werden. Deine Spiritualität kann dabei eine motivierende und unterstützende Funktion haben. Du steigerst damit die Qualität deines Lebens. Heilig zu werden, ist nicht länger etwas, was von dir erwartet wird, um in den Himmel zu kommen, sondern etwas, das du dir gönnst. Es ist ein Angebot und du kannst dich entscheiden, ob du dieses Angebot annimmst oder nicht.

Ist das nicht ein wunderbares Angebot, jetzt schon auf Erden ein Heiliger, eine Heilige zu werden? Auch, um nicht erst im Himmel, sondern in unserer irdischen Zeit Leben in Fülle zu erfahren. Heiligkeit bekommt so gesehen einen anderen Geschmack, ein anderes Image. Es ist nicht länger etwas Langweiliges, etwas für alte Leute, für verschrobene Menschen. Etwas, das nach Weihrauch riecht, out ist, abgestanden wirkt. Heiligkeit wird jetzt zu einer Haltung und zu einem Lebensstil, der viel mit Lebensfülle, Wellness, Ganzheit, Gesundheit, Lebenszufriedenheit zu tun hat. Heiligkeit »riecht« plötzlich gut. Ist etwas Erstrebenswertes. Sie ist nicht länger etwas Abgehobenes, sondern hat mitten in unserem Leben einen Platz.

Gib nicht auf

Entscheidend ist, dass du heilig, gesund sein oder werden willst. Wir wissen oft, was wir dafür tun müssen und was wir lassen müssen. Aber wir tun es nicht. Weil es uns zu schwer fällt. Weil es mit Verzicht verbunden ist. Weil wir glauben, uns so sehr in unseren äußeren Zwängen zu befinden, dass es unmöglich erscheint, ihnen um der Gesundheit und Heiligkeit willen entrinnen zu können. »Der hat gut reden«, mag mancher sich sagen, aber die Wirklichkeit sieht doch anders aus.

Als Thomas Merton den Professor für Literatur an der Columbia University Mark van Doren, fragte, wie er ein Heiliger werden könne, bekam er zur Antwort: »Es zu wollen, ein Heiliger zu werden« (Smith 2009, 426). Zu wollen gesund, heilig zu werden, ist entscheidend. Es gibt tausend

Ausreden und Ablenkungen. Es liegt an dir, wofür du deine Zeit verwenden und worauf du deine Aufmerksamkeit richten willst. Dabei gehört es auch zum Streben nach der Heiligkeit, wie du sie verstehst. Du musst damit rechnen und dir das dann auch zugestehen, dass du ein Leben lang damit beschäftigt sein wirst. Es dir mal mehr, dann wieder weniger gelingt, gesund, ganz, heilig zu leben. Meike Winnemuth (2011, 10f.) schreibt über ihren Versuch, gesund zu leben:

»Hier also der Plan: Sieben Wochen lang würde ich alles richtig machen. Tun, was die Experten immer und immer wieder predigen – und was trotzdem keiner tut: täglich fünf Portionen Obst und Gemüse essen, an die frische Luft gehen, meditieren, Zahnzwischenraumbürsten benutzen, gute Bücher lesen, viel Wasser trinken, nett zu allen Menschen sein, die Treppe statt den Aufzug nehmen, vor Mitternacht im Bett sein. Das gute Leben. Das richtige Leben. Was kann daran so schwer sein? ...

Drei Wochen später: Abschlussuntersuchung beim Dottore. Er hebt die Braue, als ich beichte. Sport: ruht. Ich komme einfach nicht dazu, und dann das Wetter ... Ich arbeite zu viel, oft bis in die frühen Morgenstunden. Schlaff statt Schlaf. Meditation? Zu gestresst (Jaja, ich weiß: Mit Meditation wäre ich ja nicht so gestresst). Ernährung: abends gern auch mal wieder eine Pizza. Und eine halbe Flasche Wein. Gefolgt von einer Tüte Haribo nachts gegen zwei. Gewicht: wieder zwei Kilo mehr ...

›Unsere guten Vorsätze haben mächtige Gegner, auch außerhalb des limbischen Systems‹, tröstet der Dottore. ›Wir leben unter widrigen Umständen. Die ständige Verfügbarkeit von leicht einspeicherbarer Nahrung‹ – er redet wirklich so – ›spielt gegen uns. Das Leben im Sitzen. Der Computer. Man muss es halt immer wieder von vorn probieren, unverdrossen. *Repetiti est mater studii*‹, sagt er und schickt mich des Weges.«

Genau darum geht es: sich nicht vom Misserfolg abhalten lassen, sich immer wieder neu aufzumachen, um gesund, gesünder zu leben und dabei auf dem Weg zur Heiligkeit einige Meter weiterzukommen.

TEIL III

FÜR EINE HEILSAME SPIRITUALITÄT

SPIRITUALITÄT ALS LEBENDIGE UND HEILENDE KRAFT

Die heilende Wirkung spiritueller Praxis

Spiritualität trägt zu deiner Gesundheit und Heiligkeit bei, wenn sie dich dabei unterstützt und motiviert, rücksichtsvoll mit deinem Körper umzugehen, deine psychischen Bedürfnisse zu würdigen und Beziehungen zu pflegen, die dich tragen. Davon war im vorausgegangenen Kapitel die Rede. Dabei ging es vor allem darum, das integrierende und ausbalancierende Potenzial, das in der Spiritualität liegen kann, für den achtsamen Umgang mit unserem Leib und unserer Seele zu erkennen, zu würdigen und zu nutzen. Doch darauf lassen sich die in einer lebendigen Spiritualität steckenden Möglichkeiten nicht beschränken. Wenn zum Beispiel die Indianer von *Medizin* sprechen, bedeutet das für sie so viel »*wie heilige, heilende, und das Heil bringende Kraft*« (Kreppold 2000). Die Indianer sagten zu den Kirchen, welche die Weißen gebaut hatten, »Medizinhütten«. »In ihrer Vorstellung war das Heilige auch das Heilende; es gab Orte und Hütten, wo sie dieser heiligen und heilenden Kraft begegneten« (15).

Körperliche und geistige Gesundheit haben in der Vergangenheit von religiösen Einrichtungen profitiert, angefangen von den therapeutischen Zentren in Tempeln, über monastische Gastfreundschaft für Kranke und Sterbende, bis hin zu den Ordensfrauen in Hospitälern im Mittelalter und danach. Vor allem aber neuere Untersuchungen (vgl. Woods 2008, 47) stellen eine positive Verbindung zwischen spiritueller Praxis und Gesundheit fest. Langzeitstudien bestätigen, dass religiös involviert zu sein – selbst im weitesten Sinne, sei es die Zugehörigkeit zu einer religiösen Gruppe oder die aktive Teilnahme an einem Gottesdienst – zu einem längeren Leben, der Erfahrung von Glück und guter Gesundheit beiträgt. Eine religiöse Praxis kann sich also positiv auf unsere körperliche Funktionsfähigkeit, kardiovaskuläre Erkrankungen, Bluthochdruck, Fettleibigkeit, Depression, Suizidalität und Stress auswirken.

Ein solches ganzheitliches Verständnis von Spiritualität findet inzwischen auch zunehmend Beachtung bei Psychotherapie und Medizin. Bis dahin, dass eine bestimmte spirituelle Praxis für unser Leben, seinen Erhalt und seine Zufriedenheit notwendige Neurotransmitter wie Serotonin, Dopamin, Endorphin stimuliert. So kann der Neurotransmitter Endorphin, der u.a. dafür verantwortlich ist, seelischen Schmerz zu lindern, durch Meditation und Beten freigesetzt werden. Laufen kann das Gleiche bewirken. Die Freisetzung sexueller Energie in der Erfahrung eines Orgasmus kann es ebenso.

Oder in Situationen, in denen ich mein Leben als bedroht erlebe, hilft mir mein Wissen allein nicht viel, da in der Regel bis zu 20 Minuten vergehen, bis ich eine als Risiko betrachtete bedrohliche Situation mithilfe meines Verstandes angemessen einschätzen kann. Der Glaube an eine größere Macht, an die ich mich bewusst und instinktiv in einer solchen Situation wende, die die Erfahrung ermöglicht, jetzt schon, mitten im Leben, mit etwas Größerem, dem Grenzenlosen, Gott, verbunden zu sein, kann mir in dieser Situation ein Gefühl von Sicherheit vermitteln.

Die Bedeutung, die der religiösen Praxis zugesprochen wird, verändert sich im Verlauf eines Lebens. So spielt sie am Ende der Jugendzeit und frühen Kindheit eine große Rolle. Weniger stark ausgeprägt lässt sie sich in den mittleren Lebensjahren nachweisen, um dann wieder stärker ausgeprägt gegen Ende des Lebens in Erscheinung zu treten. Dabei ist interessant zu beobachten, dass in manchen Fällen die geistige und spirituelle Gesundheit umso mehr aufblüht, je mehr die körperliche Gesundheit nachlässt.

Die heilende Wirkung von Gebet und Meditation

Viele wissenschaftliche Studien belegen inzwischen, dass Meditation und Beten, die damit verbundene Steigerung unserer Wahrnehmung und Achtsamkeit, sowohl psychische als auch psychosomatische Schwierigkeiten verringern können. »Meditation hilft bei Angstzuständen, Stress, Schlaflosigkeit, Sucht und Depression. Sie kann auch eine Hilfe bei psychosomatischen Störungen wie Bluthochdruck, Muskelspannungen, Asthma und chronischen Beschwerden sein. Meditation lässt, so haben Wissenschaftler herausgefunden, neue Nervenzellen sprießen. Natürlich beschränkt sich die Wirkung von Meditation nicht auf die Heilung von pathologischen Zuständen. Zahlreiche Studien belegen, dass sie auch unser seelisches Funktionieren und Wohlfühlen positiv beeinflusst. Bei Menschen, die meditieren, lässt sich eine größere Reife, Kreativität, Selbstkontrolle, eheliche Zufriedenheit und Fähigkeit, ihr eigentlich vorhandenes psychisches Potenzial zu verwirklichen, nachweisen« (Walsh 1999, 183).

Beten ist wohl die älteste und am weitesten verbreitete spirituelle Praxis, die wir in allen Religionen antreffen. Selbst Menschen, die sich nicht zu einer Religion oder Konfession bekennen, kennen Augenblicke, in denen sie sich geradezu instinktiv an eine höhere Macht, an Gott, wenden. Beten stellt eine der häufigsten Weisen dar, um mit einer höheren Macht, Gott, in Kontakt zu kommen oder in

Kontakt zu bleiben. Für die hl. Theresa von Avila ist das Gebet eine Weise des Gespräches zwischen Gott und den Menschen, vergleichbar der Konversation zwischen Freunden und Freundinnen. Wenn ich Geschmack an Gott gefunden habe, drängt es mich danach zu beten, ich muss mich nicht antreiben oder ermahnen lassen.

Ich begebe mich vor dem Schlafengehen in mein Arbeitszimmer, in dem ich mir eine Ecke mit einer Ikone eingerichtet habe, davor steht eine Kerze. Ich zünde die Kerze an, setze mich auf meinen Meditationshocker, schließe die Augen und verweile für einige Minuten in Stille. Oft denke ich an die Menschen, denen ich tagsüber begegnet bin, und an die Menschen, die mir nahestanden und die inzwischen gestorben sind. Innerlich verknüpfe ich mich ganz bewusst mit der größeren Macht, mit Gott, mache mir die Verbundenheit mit ihm bewusst, ja trete ein in diese Verbundenheit. Am Ende verbeuge ich mich vor Gott, dem ich mich und alles was mich bewegt, ganz bewusst überlasse.

Die vielen Weisen zu beten

Durch das regelmäßige persönliche Gebet bleibe ich mit meiner Seele in Verbindung. Manchmal, so Ronald Rolheiser (2002, 212), »werden andere Worte statt des Wortes Gebet gebraucht. Meditation, Kontemplation, Innere Arbeit, Seelenarbeit, Aktive Imagination, Kontakt mit unserem inneren König, unserer inneren Königin oder Ähnliches. Die Idee ist dieselbe: Wir müssen einen bewussten Dialog mit dem führen, das oder den wir uns als das letztgültige Etwas oder Jemand vorstellen, innerhalb dessen wir ›leben und uns bewegen und atmen und sind‹ (vgl. Apostelgeschichte 17,28)«.

Wir brauchen ein Zentrum – in uns und außerhalb von

uns –, in das wir uns verankern können. Für den einen, etwa den Christen, ist das die Eucharistiefeier oder eine andere Form von Gottesdienst, für den Muslim eine Pilgerfahrt nach Mekka als Ausdruck seiner Reise ins Zentrum, um sich dort zu erneuern und zu regenerieren. Solange die Verankerung in der »anderen Welt« ausbleibt, wenn wir keine Verbindung mit der »anderen Welt« haben laufen wir Gefahr, uns selbst zu Göttern und Göttinnen zu machen. Wir blähen uns auf, verlieren das Gefühl für das richtige Maß.

Es gibt unterschiedliche Formen des Betens: Man kann mit Gott über Dinge sprechen. Andere bitten Gott inständig um Hilfe. Wieder andere bevorzugen das stille Gebet, die Anbetung oder ein Sich-Versenken in Gott in der Meditation oder Kontemplation. Dann gibt es ein Beten als Preisen Gottes aus einem Gefühl von Dankbarkeit und Liebe heraus. Meister Eckhart sagt: »Wenn ein Mensch nie mehr zu tun hatte mit Gott, außer, dass er dankbar ist, dann ist das genug.« Dankbar sein oder Dankbarkeit ist eine der höchsten Formen von Gebet. Dankbar zu sein, trägt viel dazu bei, sich wohlzufühlen.

Das eine ist Beten mit den Lippen. Und das ist gut so. Und dann gibt es ein sprachloses, tief in unserem Herzen empfundenes Beten. Das eine muss gegen das andere nicht ausgespielt werden. Ich kann einfach in der Bibel lesen oder Gott in der Schrift begegnen. Thomas Merton (2000, 219): »Hier oben in den Wäldern sieht man das Neue Testament: Das soll heißen, der Wind streicht durch die Bäume und man atmet ihn.«

Alle genannten Formen des Gebetes haben ihre Berechtigung. Aber hilft beten? Ich habe Gespräche mit Gott in Zeiten von Depression, Angst und Verzweiflung als sehr hilfreich erlebt. Öffentliches wie privates Beten kann eine positive

Wirkung auf unsere Stimmung, unser Allgemeinbefinden und unser Wohlbefinden haben. Beten kann helfen, mit schwierigen Situationen besser umgehen zu können. Entscheidend beim Beten ist nach meiner Erfahrung, sich voller Vertrauen einer höheren Macht, Gott, zu überlassen, sich einfach in der Gegenwart Gottes aufzuhalten. Dann können Trost und Stärke von einem solchen Gebet ausgehen.

Die Ruhe und die Stärke, die aus stillen Gebeten erwachsen, können zur Heilung beitragen und Menschen bei ihrer Auseinandersetzung mit Krankheit und Tod helfen. Bei diesem Beten geht es nicht nur oder nicht in erster Linie darum, Gott um eine Gunst zu bitten, als wäre Gott, wie es Meister Eckhart einmal sagte, eine Kuh, an die wir uns wenden, um Milch zu bekommen. Menschen, die die Verbundenheit mit Gott suchen, während sie offen bleiben für den Willen Gottes, scheinen einen größeren Gewinn aus ihrem Beten zu ziehen als solche, die für ganz bestimmte Dinge beten. Das gilt auch für die Anbetung, das Preisen Gottes aus einem Gefühl der Dankbarkeit und Liebe heraus.

Bei Menschen, die mit ihren eigenen Worten beten, stellt sich, so die Aussage von Untersuchungen (vgl. Woods 2008, 79) ein größeres Wohlbefinden ein als beim Beten vorformulierter Gebete. Nach Richard Woods (2008, 73) ist es nicht entscheidend, wie oft Menschen beten, sondern wie sie beten. Zufriedene Menschen scheinen weniger oft zu beten, aber bewusster und aufmerksamer. Auch geht es ihnen beim Beten mehr um Gott und andere Menschen als um sie selbst. Bestimmte Meditationspraktiken – nachgewiesen bei tibetisch-buddhistischen Mönchen – können zur Beruhigung beitragen, Empathie und Mitleid fördern, im hohen Alter die Aktivität steigern, die Lebensdauer verlängern, sich positiv auf die Herztätigkeit auswirken.

Das gemeinsame Beten etwa im Rahmen eines Gottesdienstes oder allein die Teilnahme an einem Gottesdienst, sei es in einer Kirche, einer Synagoge oder in einer Moschee, mit dem Ziel, die Gesundheit zu fördern, kann positive Auswirkungen haben. Leidet jemand an einer Krankheit und besucht einen Gottesdienst in der Hoffnung, dadurch geheilt zu werden oder einfach Unterstützung und Trost zu finden, was sollte dagegen sprechen? Die Kraft des Glaubens wird in dem Zwölf-Schritte-Programm der Anonymen Alkoholiker auf einzigartige Weise bezeugt. »Kommt her zu mir, die ihr alle mühselig und beladen seid; ich will auch erquicken«, heißt es bei Matthäus (11,28).

»Bete um meine Seele. Mehr Dinge sind durch das Gebet bewirkt worden als diese Welt sich erträumen kann. Erhebe daher deine Stimme für mich wie ein Brunnen bei Tag und bei Nacht« (aus: Tennyson: Idylls of the King). Das ist eine Ermutigung, der Kraft des Gebetes zu vertrauen. Einer Kraft, die in ihren Möglichkeiten nicht auf ihre psychologische Wirkung reduziert werden kann. Ist es doch für den Gläubigen Gott selbst, der hier wirkt und das auf eine Weise, die er allein bestimmt. Der Glaube, dass durch das Gebet mehr bewirkt werden kann als sich die Welt erträumen kann, soll nicht dazu führen, der Kraft des Gebetes anstelle einer möglichen psychotherapeutischen oder medizinischen Hilfe zu vertrauen. Beides ist wichtig: die professionelle Hilfe und das Gebet.

DER HEILIGE GRUND IN DIR

Eine spirituelle Praxis wirkt sich positiv auf unsere Gesundheit aus. Dabei gehe ich davon aus, dass es sich um eine Spiritualität handelt, die aus unserer Tiefe heraus wirkt. Ein anderer Begriff oder ein anderes Bild für diese Tiefe ist für mich »heiliger Grund«. Davon und welche Bedeutung der heilige Grund für unsere Gesundheit und Heiligkeit hat, soll im Folgenden die Rede sein.

Du kannst etwas dazu beitragen, um die heilende Dimension von Spiritualität für dein Leben fruchtbar machen zu können. Das ist jedenfalls meine Erfahrung. Du kannst in dir einen Ort schaffen, der in besonderer Weise empfänglich ist für die heilenden, spirituellen Kräfte. Diesen Ort in dir gibt es zwar längst, doch es hängt auch von dir ab, ob du mit ihm in Berührung bist, ihn nutzt, pflegst. Aus deinem heiligen Grund in dir lebst.

Vom geheimnisvollen Grund in dir

Wir Menschen sind von Natur aus soziale Wesen. Das Verlangen, mit jemanden zusammen zu sein, dazuzugehören, ist für uns Menschen von fundamentaler Bedeutung. Zunächst binden wir uns an unsere Mutter, dann an die Familie, dann an größere Gruppen und Organisationen wie Schulen, Religionen, nationale Gruppen usw. Später im Leben bilden wir Arbeitsgruppen, sexuelle Partnerschaften, neue Familien und ein breites Spektrum an speziellen Interessensgruppen. Diese Beziehungen und Gruppen werden zu einem integralen Teil unseres Lebens, über die wir definieren, wie wir uns selbst sehen und wie wir andere sehen.

Doch für uns ist es auch wichtig, dass wir alleine sind.

Manche, die die Erfahrung des Alleinseins schätzen, sorgen dafür, dass es in ihrem Leben Zeiten gibt, in denen sie alleine sein können. Darüber hinaus gibt es eine existenzielle Einsamkeit, unabhängig davon wie intensiv und zufriedenstellend unsere Beziehungen sind. So gibt es einen Teil in uns, der niemals durch einen anderen berührt wird, den nur wir selbst kennen.

Ich gehe davon aus, dass es in jedem Menschen einen heiligen Grund gibt. Wenn wir mit unserem heiligen Grund in Berührung sind, aus ihm heraus leben, wird sich das positiv auf unsere Gesundheit und Heiligkeit auswirken. Ob das tatsächlich geschieht, hängt allerdings auch von uns selbst ab. Es setzt voraus, dass wir zunächst einmal davon ausgehen, dass es in uns einen heiligen Grund gibt und wir uns in Kontakt mit ihm befinden.

Die Person Nr. 2

Dieser heilige Grund steht auch für das, was der Tiefenpsychologe C.G. Jung als Person Nr. 2 bezeichnet hat. Es ist unsere innere Person, die nicht weniger wichtig ist als unsere äußere Person. Diese innere Person muss uns bewusst sein. Darüber hinaus ist es wichtig, dass wir sie wahrnehmen und erahnen, wollen wir die Bereicherung, die sie für unser Leben haben kann, die – auch heilende – Kraft, die von ihr ausgeht, für unsere Gesundheit und Heiligkeit nutzen. So tragen wir zu unserer Gesundheit und Heiligkeit bei, wenn wir ein Innenleben pflegen.

C.G. Jung baute sich am Zürichsee in Bollingen eine Burg, in die er sich zurückzog, um dort die Person Nr. 2 zu leben. »Das stattliche und repräsentative Haus in Kussnachts Seestrasse, vor allem dank des Vermögens seiner Frau mit reichlich Dienstpersonal ausgestattet, stand für den bürgerlichen, öffentlichen, repräsentativen Teil seiner Persönlichkeit, für den, wie er im Scherz zu bemerken pflegte, ›Spießbürger‹ Jung. Bollingen hingegen verkörperte das Undurchsichtige an ihm« (Findeisen 2011, 8).

Es muss ein Innenleben geben, das stärker ist als das Außenleben. Es muss mitten im äußeren Leben, dessen grundsätzliche Bedeutung nicht infrage zu stellen ist, ein inneres Leben geben, das für uns zur entscheidenden Richtschnur geworden ist. Mein Innenleben ist sehr an meinem Außenleben interessiert und kann auch nie ganz von ihm getrennt sein und werden. Soll es auch nicht. Aber es ist mein eigentliches Leben. Es kennt seine eigenen Maßstäbe, die es sich nicht vom äußeren Leben vorgeben und vorschreiben lässt. Es ist mein von außen unverfügbares Zentrum und Zuhause. Von dort her sehe und bewerte ich mein Leben, mich. Von meinem heiligen Grund her. Vor ihm muss ich bestehen – sonst vor niemandem. Hier hat keiner und nichts Zutritt, es sei denn, ich gewähre ihn. Auch nicht Angst!

»Der Ort, wo du stehst, ist heiliger Boden«

Diesen heiligen Ort in uns, an dem wir die Ewigkeit erahnen dürfen, hat Gott in unser Herz gelegt (Kohelet 3,11). Das aber heißt auch: Zum ganzen Menschen gehört die Wachheit und die Sensibilität für diese Welt des Ewigen. Niemand außer wir selbst und Gott haben Zutritt zu ihm. Es ist der Ort, von dem es in der Bibel (Exodus 3,5) heißt: »Komm nicht näher heran! Leg deine Schuhe ab; denn der Ort, wo du stehst, ist heiliger Boden.«

Für Mose war dieser Ort der brennende Dornbusch, ein heiliger Ort, geheiligt durch die Anwesenheit Gottes. Wir kennen Erfahrungen, Begebenheiten, Orte, die wir als heilig, weil irgendwie ganz anders, erleben. Aber, dass es auch in uns selbst einen heiligen Ort, einen heiligen Grund, gibt, von dem wir sagen können: »Der Ort, wo du stehst, ist heiliger Boden«, mag für manchen neu sein. Wer sich dessen bewusst wird und sich in diesem Bewusstsein sieht und entsprechend lebt, dessen Leben wird unweigerlich auch davon geprägt und bestimmt sein. Von seinem heiligen Grund und der Erfahrung des heiligen Grundes in ihm. Daraus ergeben sich Möglichkeiten, Weite und Grenzen.

Der heilige Boden in dir bleibt unversehrt

Dieser heilige Boden in dir bleibt unversehrt, körperliche Krankheiten oder seelische Schäden können ihn nicht beeinträchtigen oder zerstören. Er bleibt ganz, gesund, heilig. Wenn du in Zeiten der Krankheit mit ihm in Berührung bleibst, in deinen Gedanken, von deinem Herzen und Innersten aus, in ihn eintauchst, dich von ihm umfassen lässt, wird er sich als heilige, heilende, das Heil bringende Kraft erweisen. Er ist Garant dafür, dass du ganz, gesund, heilig bist.

Ich wache auf, komme in Berührung mit meinem heiligen Grund. Während der Nacht ist er gereinigt worden von allem, was sich während des Tages über ihn gelegt hat. Jetzt spüre ich ihn. Dieser Ort in mir ist mein Sehnsuchtsort. Gerne verweile ich in ihm, schenke ihm und damit mir, meinem Innersten, meine Aufmerksamkeit. Ich denke an das Lokal, in dem wir gestern am Abend waren. Laute mexikanisch Musik bei ständig laufendem Fernseher, die eine Unterhaltung fast unmöglich macht. Viel Essen, später noch ein Bier. Da spürte ich nichts mehr von meinem heiligen Grund. Wenn ich zu viel esse oder trinke, mich zu wenig bewege, ständig von Lärm umgeben bin, verliere ich den Zugang zu meinem heiligen Grund. Ich spüre ihn dann nicht mehr, dadurch fehlt mir aber auch etwas: die Mitte, die Orientierung, ein Gefühl von Daheimsein, bei mir zu sein.

Der heilige Gral

Wenn ich vom heiligen Grund in uns spreche, erinnert mich das an den heiligen Gral, der über viele Jahrhunderte zu den unterschiedlichsten Erklärungen gefunden hat. Immer wieder neue Theorien entstanden darüber, wo der Gral zu finden ist und was genau darunter zu verstehen ist. Ich weiß nicht, ob es diesen heiligen Gral wirklich gibt. Für mich ist er aber auch ein Bild für den heiligen Grund in uns, den Sehnsuchtsgrund. Vergleichbar mit einem geheimnisvollen Garten oder auch der blauen Blume der Romantik, von denen eine solche Anziehungskraft ausgeht, dass wir alles unternehmen, um sie zu finden.

Diesen heiligen Gral finden wir in uns, und ich glaube nur in uns. Solange wir uns nicht auf den Weg machen, ihn in uns zu suchen und zu finden, bleibt dieser Versuch ergebnislos. Wir werden Orte finden, immer wieder neue, die uns meinen lassen, das sei jetzt wirklich der heilige Gral. Wir werden in unserem alltäglichen Leben Erfahrungen machen, Ereignissen begegnen, von denen wir meinen, das ist jetzt genau das, was wir gesucht haben. Doch sie werden verblassen. Den wahren heiligen Gral finden wir nur in uns selbst. »Unsere Heimat liegt in uns, und dort sind wir unabhängig. Solange wir diese uralte Tatsache nicht wieder neu und als einzigartig für uns als Individuum erkennen, sind wir dazu verurteilt, herumzuwandern, um Trost und Erleichterung in der äußerem Welt zu suchen, wo wir sie nicht finden werden«, schreibt der Therapeut James Burgental (in: Walsh 1999, 177).

Das Allerheiligste in dir

Der heilige Grund in uns ist vergleichbar mit dem heiligsten Platz im Tempel. Dieser Platz war ein leerer Platz, der aus nicht mehr als dem Felsstück bestand, dem *Eben Shethiyah*, dem Grundstein, der, so will es die Tradition wissen, den Mund des Loches schloss, auf dem die Welt gründete. Auf diesem Grund ruht unser Leben, darauf gründen wir. Sich dessen immer wieder bewusst zu werden, vermittelt uns Halt. Unser Halt ist ein heiliger Grund. Ein Grund, der unzerstörbar ist. Ein Grund, der in die Tiefe führt. Ein Grund, der durchlässig ist für das Ewige. Das Ewige in uns hineinlässt. Uns mit dem Ewigen verbindet.

Der heilige Platz im Tempel ist zugleich der Ort der Anwesenheit des Allerheiligsten, des eigentlich Unaussprechbaren, Unfassbaren, Geheimnisvollen, den wir Gott nennen. So sehr Gott überall ist, gibt es Orte, an denen und in denen wir seine Anwesenheit oder eine besondere Qualität seiner Anwesenheit spüren. Es ist das Geheimnisvolle, das ganz Andere, das ihm eigen ist und von ihm ausgeht. Es ist die Erfahrung der Anwesenheit einer heiligen, geheimnisvollen Kraft.

Der heilige Grund in uns ist der Ort, an dem wir die geheimnisvolle Anwesenheit Gottes erfahren dürfen. In unserem Allerheiligsten. Dann, wenn der Vorhang, der auch im Tempel den Blick auf den heiligsten Platz verhüllt, auf die Seite geschoben wird, werden wir Gott ganz schauen. Jetzt müssen wir uns damit begnügen, uns in dem Teil des Allerheiligsten aufzuhalten, der dem heiligsten Platz, getrennt durch den Vorhang, vorgelagert ist. Die Kerzenleuchter, die

Schaubude, dazwischen der Räucheraltar, stimmen ein in die geheimnisvolle Atmosphäre.

DEN HEILIGEN GRUND IN DIR PFLEGEN

Um leben zu können, müssen wir jeden Tag essen und trinken. Um mit unserem heiligen Grund in Berührung zu kommen, sensibel dafür zu bleiben, müssen wir uns immer und immer wieder Zeit dafür nehmen, sozusagen ein Innenleben führen und unser Innenleben genauso wie unser äußeres Leben gestalten. So müssen wir den heiligen Grund in uns pflegen, hüten, beackern. Willst du ihn für dein Leben, deine Gesundheit und Heiligkeit nutzbar machen, musst du ihm deine Aufmerksamkeit schenken. Du würdigst den heiligen Grund in dir, wenn du Mythen, Märchen, Sagen liest. Du schärfst deine Wahrnehmung für ihn, wenn du zum Beispiel in eine Kirche gehst, die dich in eine andere Welt versetzt, dich mit Symbolen, mit einem Hauch von Numinosem, mit Ruhe umgibt. Du düngst diesen heiligen Raum in dir mit deinen Gebeten, die dich mit einer anderen Welt verknüpfen. Für C.G. Jung war es wichtig, sich in seinen Turm zurückzuziehen. Andere wieder gönnen sich einen Tag lang eine Auszeit, gehen in die Natur, setzen sich wie Buddha unter einen Baum, um dort auszuruhen. Für dich ist es wichtig, Weisen zu finden, die sich dazu eignen, den heiligen Grund in dir zu würdigen, zu pflegen, ja in einer gewissen Weise zu düngen, damit er nicht verkümmert oder gar verwahrlost.

Den heiligen Grund in uns düngen

Vor der alten Kirche Old Mission in Santa Barbara breitet sich ein wunderschöner Platz aus, mit Rosengarten, sattgrüner Wiese, Palmen. Direkt daneben erstreckt sich ein ausgedörrter Platz, mit Sandboden und einigen wenigen Sträuchern, die gerade so überleben. Damit die Wiese so grün sein kann, die Rosen und anderen Blumen so wunderbar bleiben, die Bäume und Sträucher das Herz der Besucher erfreuen können, muss der Platz bewässert und gepflegt werden. Genauso verhält es sich mit dem heiligen Grund und Platz in uns. Er muss immer wieder bewässert und gepflegt werden, sonst trocknet er aus.

Es gibt viele Weisen, den heiligen Grund in uns zu pflegen. Die großen Religionen warten mit einem reichen Angebot dazu auf. Inzwischen gibt es auch weniger Berührungsängste, sich von den jeweiligen Angeboten unterschiedlichster religiöser Traditionen bereichern zu lassen. Für mich persönlich ist mein christlicher Hintergrund wichtig. Von dort her sind auch mein Glaube an Gott und meine religiöse Praxis geprägt. Sie sind für mich sehr wichtig, halten mich aber nicht davon ab, mich durch andere spirituelle Praktiken bereichern zu lassen, die ich als förderlich für meine Gesundheit und meinen Weg zur Heiligkeit erachte. Jeder muss hier für sich herausfinden, was er mit seiner Glaubensüberzeugung vereinbaren kann, vor allem aber auch, was ihm wirklich hilft gesund, ganz, heilig zu werden.

Nahrung für meinen heiligen Grund kann eine Eucharistiefeier sein. Ich nehme teil an einer Eucharistie- oder Abendmahlsfeier und tauche zugleich ein in meinen heiligen Grund. Ich pflege meinen heiligen Grund. Ich trinke den Wein, esse das Brot des Lebens, das zu Blut und Leib Christi geworden ist. Er ist in diesen sichtbaren Zeichen unsichtbar und doch spürbar unter uns; ist zugleich eine Speise, die unseren heiligen Grund nährt und sättigt, ein Trank, der ihn durchtränkt, fruchtbar macht und mir zur Stärke gereicht.

Wir können Orte aufsuchen, die uns helfen und es erleichtern, in unser Allerheiligstes einzutreten und uns von seiner geheimnisvollen Aura und Atmosphäre umfangen zu lassen. Joseph Campbell (19,19) beschreibt das bei einem Besuch in der St. Patrick-Kathedrale in New York:

»Ich gehe in die Kathedrale, und alles um mich herum ist voll spiritueller Geheimnisse. Geheimnis des Kreuzes, was meint das alles? Die eingelassenen Glasfenster, die eine andere Atmosphäre entstehen lassen. Mein Bewusstsein ist auf eine andere Ebene gehoben worden, ich befinde mich auf einer anderen Plattform. Und dann gehe ich hinaus, und befinde mich wieder auf der Ebene der Straße, kann ich mir etwas von dem Bewusstsein, das ich in der Kathedrale hatte, bewahren? Bestimmte Gebete und Meditationen tragen dazu bei, unser Bewusstsein auf dieser Ebene zu halten, statt es gleich wieder hinter uns zu lassen.«

So gilt es, immer wieder Orte aufzusuchen, die uns auf eine andere Ebene unseres Bewusstseins heben. Die uns in Berührung bringen mit dem Allerheiligsten in uns, unserem heiligen Grund. Damit wir uns dort verankern. Daraus leben, darauf gründen. Dieser heilige Grund in uns, der unzerstörbar ist, steht für mich für die Anwesenheit einer höheren und größeren Macht. Steht auch für die Erfahrung dieser Macht, die für mich in dem Gott meiner Väter, in dem Gott Jesu Christi zu dem Gott wird, der bei allem Wandel und bei aller Vergänglichkeit die Konstante ist, die unveränderbar und unvergänglich ist. Dabei ist dieses Konstante für mich kein Allgemeines, keine allgemeine Kraft. Es ist Gott, der um mich weiß und der mich in seinen Händen hält.

Den Sabbat heiligen

Der Sonntag ist ein Tag, an dem wir dem heiligen Grund in uns besondere Aufmerksamkeit schenken. Wir gehen in die Kirche, suchen einen Ort auf, an dem wir der Heiligkeit in uns auf eine besondere Weise unsere Aufmerksamkeit schenken. So wie wir in die Kirche gehen und damit einen besonderen Raum betreten, so betreten wir unser Heiligtum. Schenken dem Inneren in uns die Aufmerksamkeit, die wir die Woche über dem Alltäglichen, der Arbeit schenken. Da bleibt oft wenig Zeit, sich dem Heiligen in uns zuzuwenden. Die Türen zu unserem Heiligtum sind dann verschlossen, wie in vielen Städten die Türen zu den Gotteshäusern tagsüber verschlossen sind und bleiben. Der Sonntag ist vergleichbar mit einem Palast, der in die Zeit eingebaut ist. Der uns schützt vor dem Lärm und den Einflüssen der Welt des Außen, der Arbeit, der Technik. Wir verachten sie nicht! Doch wir beten sie auch nicht an! Wir nutzen sie, werden aber nicht zu ihren Sklaven. Wir brauchen solche Zeiten, in denen wir nicht bestimmt werden von den tatsächlichen und angenommenen Zwängen des Alltags und der Arbeit. Zeiten, die nicht besetzt sind von Zielen, Zwecken, Pflichten, von Resultaten, Profiten, die erreicht werden müssen.

Wenn wir in unser innerstes Heiligtum eintreten, aus unserem inneren Heiligtum heraus leben, tun wir uns etwas Gutes. Dabei sollten wir es nicht dabei belassen, unser inneres Heiligtum als einen abgesonderten Ort zu verstehen, sondern im Bewusstsein, dass es diesen heiligen Grund in uns gibt, nicht vergessen, dass er den Grund für unser Alltagsleben abgibt. Wir uns daher so verhalten, dass der heilige Grund Auswirkungen hat auf unser alltägliches Leben. Heiligkeit dann nicht auf unser innerstes Heiligtum begrenzt ist, sondern alles um uns geheiligt wird.

Der Sonntag ist die Zeit aufzuwachen, sich an das eigentlich unfassbare Geschenk zu erinnern, dass ich *lebe*. Ich lebe. Gott hat mir seinen Odem eingehaucht, sodass ich lebe. Es ist der Tag, offen dafür zu sein, ein Gespür dafür zu bekommen, welch ein Privileg das ist. Für diesen Tag alles auf die Seite zu legen – innerlich und äußerlich -, was mich daran hindert, mit meinem heiligen Grund in Berührung zu kommen. Um mich wieder von meinem heiligen Grund her zu erfahren und nicht von dem, was mich beschäftigt, bedrückt und beeinträchtigt. Um durch alle Schichten hindurch an die Stellen in mir zu gelangen, die unberührt, ursprünglich sind.

Wir brauchen Zeiten heiligen Nichtstuns, in denen wir einfach leben. In denen wir das Leben schmecken, riechen, tasten, spüren. Das Leben in Fülle haben. Eine solche Zeit sollte der Sonntag sein. Ist der Sonntag. Er ist nicht nur oder in erster Linie die Zeit, um mich von der vergangenen Woche zu erholen oder um aufzutanken für die bevorstehende Woche. Er sollte vielmehr Höhepunkt der Woche sein. Wir sollten an diesem Tag so leben, als hätten wir alles getan, alles erledigt. Er ist der Tag, an dem wir schon etwas vom Himmel schmecken dürfen (vgl. Abraham Heschel, in: Leech 1977). Die Teilnahme an einem Gottesdienst an diesem Tag kann eine Weise sein, noch tiefer einzutauchen in unseren heiligen Grund, in das Geheimnis unseres Seins und unseres Lebens, in das große Geheimnis schlechthin, Gott.

Die Voraussetzungen dafür müssen wir schaffen. Wir müssen die Entscheidung treffen, wie wir den Sonntag gestalten. Ich finde viele Anregungen dafür in der jüdischen Tradition. Da gibt es die Begrüßung des Sabbats am Vorabend des Sabbats: Das Entzünden der Sabbatkerzen, der Kiddush, das Lob Gottes mit Wein und Brot, das Sch'ma

Israel: »Höre Israel, der Herr ist unser Gott, der Herr ist Einer.«

In meiner Erinnerung taucht der inzwischen verstorbene Religionsphilosoph Schalom Ben Chorin auf, den ich bei einem Vorabendgottesdienst in seiner Reformsynagoge in Jerusalem erlebte, wie er aus ganzem Herzen heraus betete, sich in seinen Worten und Gebärden ganz dem Beten überließ.

Wer die Begrüßung des Sabbats an der Klagemauer in Jerusalem erlebt hat, weiß, welche ekstatische Form das annehmen kann. Wir brauchen solche Rituale. Wir brauchen sie als feste Eckpfeiler, die unser Leben markieren, akzentuieren. Sie unterstreichen, worum es uns geht, was uns wichtig ist. Sie müssen aber von innen heraus und ganz bewusst vollzogen werden.

Die jüdischen Mystiker von Safed in Israel gingen am Vorabend des Sabbats hinaus auf die Felder, um die Ankunft Gottes zu begrüßen. Dabei sangen sie die Liebeslieder aus dem Hohelied der Liebe. Diese Praxis wurde später darauf reduziert, in den Hofgarten der Synagoge zu gehen, um den Sabbat zu begrüßen. Schließlich beließ man es dabei, die Türen der Synagoge zu öffnen und sich nach Westen hin zu verbeugen, um die ankommende Braut zu begrüßen (Newell 2000, 129). Wir sollten zu diesen alten Traditionen zurückkehren und die Natur, Gottes Schöpfung, in die Kirchen hereinlassen. Unsere Kirchen in der Schöpfung »aufgehen« lassen. In unseren Prozessionen, vor allem den Flurprozessionen oder Wallfahrten, hat sich etwas davon erhalten. An der Beliebtheit der Pilgerwege, der Wanderexerzitien lässt sich ein großes Interesse an Formen von Gottesbegegnung ausmachen, bei denen die Natur und die Schöpfung mit einbezogen werden.

Der Sabbat kann aber auch eine Zeit sein, uns unserer Geschöpflichkeit bewusst zu werden. Das kann bei einem Spaziergang am Sonntag sei, bei dem ich eintauche in die Landschaft, mir dabei meiner Verbundenheit mit der Schöpfung bewusster werde. Ich mit allen Sinnen einfach da bin und meinem Schöpfer dafür danke. Ich spreche dann manchmal laut in die mich umgebende Natur hinaus die Psalmen, etwa Psalm 96:

> *Singe dem Herrn ein neues Lied.*
> *Hoheit und Pracht sind vor ihm,*
> *Macht und Herrlichkeit in seinem Heiligtum.*
> *Bringe dar dem Herrn Ehre und Macht!*
> *Der Himmel freue sich, und die Erde sei fröhlich,*
> *das Meer brause und was darinnen ist;*
> *das Feld sei fröhlich und alles, was darauf ist;*
> *es jauchzen alle Bäume im Walde vor dem Herrn.*
> *Nach Psalm 96*

Die Geschöpflichkeit schließt auch meine Sexualität mit ein. »In der kabbalischen Gemeinschaft von Safed in der Nähe des Sees Gennesaret, war es Brauch, dass sich die Ehemänner und die Ehefrauen zur Mitternacht am Sabbat liebten. Es gab die Vorstellung, dass das Verlangen nach sexueller Vereinigung Ausdruck des tieferen Verlangens in uns nach der Vereinigung mit Gott sei. Die Freude über die Ruhepause am Sabbat war verknüpft mit dieser tiefen körperlichen Entspannung, die der Leidenschaft, wenn man miteinander geschlafen hat, folgt. Sabbat war nicht nur ein Tag, der den Hunger der Seele stillte. Er stillte auch die gottgegebene Sehnsucht des Körpers. Es war ein Tag des Essens und Trinkens, der Muse und des Vergnügens«. (Newell 2000, 128)

Der Welt des Unbewussten unsere Aufmerksamkeit schenken

Die Märchen und Sagen entstammen dem kollektiven Unbewussten. Sie sind die Träume, die wir mit der übrigen Menschheit teilen. Ein Traum ist unser persönliches Märchen. Ein Traum ist eine persönliche Erfahrung des tiefen, dunklen Grundes, der unser bewusstes Leben unterstützt, sagt Joseph Campbell (1988, 48). Unsere Träume entstammen unserem heiligen Grund. Sie verbinden uns mit ihm. Sie produzieren Bilder, Gefühle, Stimmungen aus der Welt unseres heiligen Grundes. In Träumen werden uns Nachrichten aus dieser Welt vermittelt. Auf diese Weise wird uns diese Welt nähergebracht. Wir erhalten über die Träume für uns wichtige Informationen über uns, über unser Innerstes. Über unseren Mythos, unsere Bestimmung.

Wach zu sein für unsere Träume und interessiert zu sein an ihnen, sensibilisiert uns für unseren heiligen Grund und fördert damit unsere Ganzheit, Heiligkeit, Gesundheit. Würden wir unseren Träumen keine Aufmerksamkeit schenken, würden wir einem wesentlichen Teil von uns keine Aufmerksamkeit schenken. Wir wären wie halbiert. So tun wir gut daran, unseren Träumen unsere Aufmerksamkeit zu schenken, uns von ihnen für unser aktuelles Leben und bei wichtigen Entscheidungen unseres Lebens bereichern zu lassen.

Die Wachheit für unsere Träume und die Welt aus der sie entstammen, unserem heiligen Grund, macht uns zugleich aber auch empfindsamer, sensibler, empfänglicher für den heiligen Grund in uns. Wir wissen dann nicht nur darum, wir sind in Berührung damit. Wir haben ein Gespür dafür und davon, dass wir mehr sind als das, was wir von uns sehen und ertasten können. Wir sind »tiefer«, »weiter«, wir gelangen tiefer, verlängern und erweitern uns um vieles mehr als wir denken. Wir sind nicht reduziert auf unseren Körper. Und so wie wir in unseren Gedanken unsere eigene kleine Welt sprengen und ins Unendliche erweitern können, so können wir auch gefühlsmäßig, gespürmäßig unsere seelisch-körperliche Welt ins Unendliche erweitern. Eben dann, wenn wir die Erfahrung machen, jetzt schon an das Grenzenlose angeschlossen zu sein.

EIN TRAUMTAGEBUCH ANLEGEN

Ich habe sehr gute Erfahrungen damit gemacht, mir jeden Morgen nach dem Aufstehen einige Augenblicke Zeit zu lassen, um mich an meine Träume zu erinnern und die Träume, an die ich mich erinnern kann, aufzuschreiben. Das hilft mir, mit meiner Tiefe in Berührung zu kommen und für die Botschaften meiner Seele sensibel zu werden. Ich empfehle dir daher, ein Traumtagebuch anzulegen und deine Träume aufzuschreiben. Mit deinem Traumtagebuch unterstreichst du, dass du an deinen Träumen und damit an deiner Innenwelt interessiert bist.

Uns mit göttlicher Energie auftanken

Bei den Indianern gibt es die Vorstellung, dass in der Nacht unsere Batterie mit göttlicher Energie aufgeladen wird. Nach dieser Vorstellung gibt es neben den Phasen in unserem Schlaf, in denen wir träumen, weitere Phasen, in denen wir uns in einem Zustand befinden, bei dem wir ganz weit weg sind von unserem Bewusstsein. Nach indianischer Auffassung ist dieses Auftanken mit göttlicher Energie unablässig für uns, um in der Lage zu sein, die Widerwärtigkeiten und Widrigkeiten unseres Lebens ertragen zu können. In dieser Zeit geschieht etwas Besonderes, ja Heiliges: Wir werden wieder angeschlossen an den göttlichen Kreislauf. Wir werden mit Energien versehen, die uns ermächtigen, für die existenziellen Fragen und Auseinandersetzungen unseres Lebens besser gewappnet zu sein: die Erfahrung von Einsamkeit und Angst, den Sinn unseres Lebens zu finden, die Begegnung mit Tod und Endlichkeit.

Ich finde diese Vorstellung faszinierend. Sie unterstreicht die Bedeutung, die ich dem heiligen Grund in uns zuspreche. Sie erklärt mir Erfahrungen, die ich kenne, bei denen ich nach einer Nacht am Morgen bei mir und in mir spüre, dass sich etwas verändert hat. Ich Dinge und Situationen anders einschätze. Ich eine größere Entschiedenheit in mir wahrnehme. Ich in der Lage bin, Entscheidungen zu treffen, die ich tags zuvor noch nicht in der Lage war zu treffen oder bereits getroffene Entscheidungen zu revidieren. Natürlich mag dazu beitragen, dass ich ausgeruht bin und von daher neue Energie in mir spüre, doch das alleine ist es nicht. Dazu kommt, dass ich dann oft am Morgen aufwache und eine Nähe zum Göttlichen oder vielleicht auch des Göttlichen spüre.

Henry David Thoreau, der über zwei Jahre fern der Zivilisation in einer Hütte nahe des Waldensee lebte (1996, 37) schreibt:

> »*Ein Teil von mir, der den ganzen Tag hindurch in der Stille ruhte, fliegt wie die Eule in der Nacht aus und macht sie zum Tage. In der Nacht legen wir uns nieder, wir nisten und*

hüllen uns in unser Wesen ein. Jede Nacht gehe ich nach Hause, um auszuruhen. Jede Nacht werde ich zu meinen Vätern versammelt. Dann verlässt die Seele den Körper und schläft in Gott einen göttlichen Schlummer. Wenn sie sich zurückzieht, sinken die Gliedmaßen, die Augenlider fallen zu, und die Natur ergreift wieder Besitz von ihrem Leben. Die Menschen haben die Nacht immer als göttlich betrachtet. Dann ist die Luft bevölkert – und die Elfen erscheinen.«

So sollten wir daran interessiert sein, dafür Sorge zu tragen, dass wir gut schlafen. Wir tun, was das fördert, wir lassen, was es erschwert. Auch das kann ein Beitrag dazu sein, den heiligen Grund in uns zu würdigen. Jedem werden da die eigenen »Sünden« einfallen. Bei dem einen ist es zu viel Essen oder Trinken, bei dem anderen zu viel Fernsehen oder Internet usw. Doch viele dürften auch schon über reiche Erfahrungen verfügen, was ihnen hilft, gut zu schlafen, wie Entspannungsmusik, Entspannungsübungen, Meditation, ein Gebet. Wenn während der Nacht unsere Batterien mit göttlicher Energie aufgeladen werden, dann bekommen auch alte Formen wie das Abendgebet einen neuen Sinn. Es ist dann die bewusst vollzogene Verknüpfung mit dem Göttlichen, mit Gott. Die Unterstreichung dessen, was in der Nacht geschieht, wenn es zur Aufladung unserer Batterie mit göttlicher Energie kommt. Wir leiten durch dieses Ritual den heiligen Vorgang, der sich in der Nacht vollzieht, ein. Wir machen uns das bewusst, überlassen uns in dieser Einstellung der Nacht und dem Göttlichen.

Am Morgen, wenn wir aufwachen, kann ein Ritual, z.B. ein kurzes Morgengebet, unterstreichen, was in der Nacht geschehen ist. Neu gestärkt mit göttlicher Energie, angeschlossen an den göttlichen Kreislauf, danken wir Gott, machen uns auf und gehen in den Tag. Wenn wir uns diese Einstellung zu eigen machen und solche Rituale pflegen, dann pflegen wir den heiligen Grund in uns, schenken wir unserem Innenraum unsere Aufmerksamkeit und leisten damit einen Beitrag für unsere Gesundheit, für unsere Heiligkeit. Mir helfen hier die Psalmen, die Meditationen der Bibel, den Tag zu begrüßen. Einer meiner Lieblingspsalmen ist dabei Psalm 63.

> G*ott,*
> *du bist mein Gott;*
> *frühe wache ich zu dir.*
> *Es dürstet meine Seele nach dir;*
> *mein Leib verlangt nach dir.*
> *In einem trockenen und dürren Land,*
> *wo kein Wasser ist.*
> *So schaue ich nach dir in deinem Heiligtum,*
> *wollte gerne schauen deine Macht und Ehre.*
> *Denn deine Güte ist besser als Leben;*
> *meine Lippen preisen dich.*
> *Ich will dich gerne loben mein Leben lang*
> *und meine Hände in deinem Namen erheben.*
> *Satt wie an üppiger Nahrung soll meine Seele werden*
> *und mein Mund dich fröhlich loben.*
> *Wenn ich mich zu Bette lege,*
> *so denke ich an dich;*
> *wenn ich erwache,*
> *so rede ich von dir.*
> *Denn du bist mein Helfer,*
> *und unter dem Schatten deiner Flügel frohlocke ich.*
> *Meine Seele klammert sich an dich,*
> *deine rechte Hand hält mich fest.*
> Nach Psalm 63

Uns Zeiten der Stille und Ruhe gönnen

Als ich in Ägypten für Priester Vorträge hielt, verbunden mit Zeiten der Stille und Besinnung, war ich regelrecht bestürzt, wie viele überhaupt nicht in der Lage waren, Stille auszuhalten, kein Gespür für Stille und Besinnung zu haben schienen. Sie sprachen ständig miteinander, tauschten SMS's aus, Handys klingelten. Selbst während des Essens waren sie die ganze Zeit über mit dem Handy beschäftigt, nahmen Gespräche an; nur während des Gottesdienstes waren Handys tabu. Oder ich denke an einen Generalvikar, der während einer Sitzung die ganze Zeit an seinem Handy herumfingerte, oder an einen hohen Politiker, der bei einem Vortrag nach außen hin anscheinend präsent war, in Wirklichkeit aber die ganze Zeit mittels Handy woanders war.

Lärm und Hektik machen uns krank. Lärm beeinträchtigt unser Hörvermögen, kann zu Bluthochdruck, Herzproblemen, Untergewicht bei Säuglingen und geringerer Lebensdauer führen (vgl. Garner 2010, 10). Hektik erzeugt Stress, der sich, wie ich in Teil II aufgezeigt habe, negativ auf unseren Leib und unsere Psyche auswirkt.

Du kannst bei allem, was von dir verlangt wird, bei allem Lärm, dem du ausgesetzt bist, zumindest dort, wo du entscheiden kannst, dafür Sorge tragen, dass es in deinem Leben Zeiten und Phasen gibt, in denen du nicht angetrieben wirst, nicht ständig einem unerträglichen Geräuschpegel ausgesetzt bist. Willst du gesund bleiben, ganz, heilig werden, bleibt dir gar nichts anderes übrig. Wenn du in die Stille gehst, ist das eine Labsal für deine Seele, tust du etwas für die Pflege deines heiligen Grundes. Du tust dann etwas für deine Person Nr. 2, deine innere Person, die du nicht ungestraft übergehen kannst.

In dem Städtchen South Lake Tahoe in Kalifornien gibt es nahe dem Lake Tahoe ein Waldstück, durchbrochen von Lichtungen, an denen sich die Männer und Frauen der Washoe, eine Gruppe von Ureinwohnern, trafen. Sie glaubten, dass diese Gegend ihnen helfen würde, Ruhe und Stille für die Seele zu finden. Solche Lichtungen brauchen wir, um das Leben in uns zu spüren, um aufzuwachen. Um wir selbst zu sein. Um mit dem heiligen Grund in uns in Berührung zu kommen, von ihm aus zu leben.

SCHWEIGEÜBUNG

Ein bekannter Schauspieler hatte es sich zur Gewohnheit gemacht, an einem Tag in der Woche zu schweigen. Viele hielten das für etwas spleanig. Damit hat er sich einen großen Dienst erwiesen. Versuche es einmal selbst, vielleicht nicht einen ganzen Tag in der Woche, aber zwei bis drei Mal in der Woche für zehn Minuten oder sogar eine oder zwei Stunden Stille auszuhalten, mit der Zeit vielleicht sogar zu genießen. Zum Beispiel bei der Heimfahrt von der Arbeit kein Radio hören, dich durch keine eigens erzeugten Geräusche ablenken lassen. Was löst das in dir aus? Was geht dir durch den Kopf? Welche Gefühle stellen sich ein? Lasse alles zu, ohne sie zu bewerten oder zu versuchen, sie zu verändern. Oder mache an einem Abend einen Spaziergang, setze dich auf eine Bank, lausche dem Gesang der Vögel, betrachte die untergehende Sonne und lasse alles auf dich wirken. Ja, lasse dich davon nähren.

Gehst du in die Stille, suchst du Orte der Stille auf, kann es geschehen, dass am Morgen, wenn du aufwachst, Gott einfach da ist. Wie es im Buch der Weisheit (6,15) von der Weisheit heißt: »Wer sich früh zu ihr aufmacht, braucht nicht viel Mühe; denn er findet sie vor seiner Tür sitzen.« Wer sich früh zu Gott aufmacht, offen ist für ihn, bereit, ihn zu empfangen, findet ihn vor seiner Tür sitzen. Gott ist dann einfach da. Dir ganz nahe. Näher als du ihm je sein kannst.

Ich kann in solchen Situationen ganz still seine Nähe auskosten, während ein leises Singen meiner Seele meinem Glück Ausdruck verleiht. Wir können uns dann ohne Worte ganz nah sein. Wie Liebende, die sich nichts sagen müssen, erfüllt von der Anwesenheit und Nähe des jeweils anderen. Oder ich kann zu Gott sprechen. Inniglich. Jetzt ist mein heiliger Boden, mein heiliger Grund erfüllt von Gottes Anwesenheit. Gibt es in diesem Augenblick nur ihn. Uns. Ihn und mich. Sind wir für diesen Moment EINS. Ein tiefer Frieden erfüllt mich. Es ist, als sei ich jetzt selbst nur noch heiliger Boden, heiliger Grund, während alles um mich herum für diesen Augenblick ausgeblendet ist oder einfach umfangen ist von meinem heiligen Grund. Von Gott, der mich umfängt. Ich mache die Erfahrung, mitten im Leben Teil eines Größeren zu sein, an dem Grenzenlosen angeschlossen zu sein.

AUS DEM HEILIGEN GRUND HERAUS LEBEN

Wenn du in Berührung bist mit deinem heiligen Grund, ihn pflegst, kannst du aus deinem heiligen Grund heraus leben. Er kann sich dann in deinem Leben, in deinem Alltag, in deinen Beziehungen entfalten. Da gibt es eine Kraftquelle in dir, die sich Bahn bricht, die alles, was du denkst und tust durchströmt, mitgestaltet und einfärbt. Von dieser Kraftquelle geht eine heilsame Wirkung aus. Sie ist jene Medizin, die die Indianer als heilige, heilende, das Heil bringende Kraft verstanden haben. Diese Kraft kann sich auf vielfältige Weisen in unserem Leben Ausdruck verschaffen. Auf einige möchte ich näher eingehen.

Aus deiner Tiefe heraus leben

Wenn wir aus unserem heiligen Grund heraus leben, leben wir aus unserer Tiefe, aus unserem Kern heraus. Tun wir das, kommt etwas von unserem Innersten in unserem äußeren Auftreten, in unserem Verhalten, dem, was wir sagen, zum Ausdruck. »Ich bin ein Schauspieler, das ist es, was ich tue. Ich führe gerade jetzt in diesem Interview mit Ihnen ein Schauspiel auf, während ich Ihnen wahre Dinge erzähle. Alles, was wir im Leben tun, ist Schauspiel. Wir reden, schauen, hören und hören zu. Unser Leben ist eine Aufführung«, sagt der 73-jährige Schauspieler Seymour Cassel in einem Interview mit der Los Angeles Times (15.08.2009, D 14). Im weiteren Verlauf des Interviews meint er: »Eine schauspielerische Aufführung ist eine Aufführung, aber du musst die Tiefe haben.«

Unser Leben kennt viele gleiche Abläufe. Doch wie wir diese Abläufe gestalten, hängt von uns ab. Ob unsere Aufführung einfach eine oberflächliche Aufführung ist, die wir hinter uns bringen oder aber *unsere* Aufführung Tiefe hat. Tiefe hat sie, wenn wir beteiligt sind mit unserem Herzen, unserer Seele und wenn wir dahinterstehen. Tiefe kommt zum Ausdruck, wenn wir in Berührung mit unserem heiligen Grund denken, sprechen, handeln. Es beginnt damit, wie wir aufstehen, wie wir den Tag beginnen, wie wir frühstücken usw. Das hat Auswirkungen auf unsere Arbeit, unseren Dienst.

Da ist der Priester, der seine Messe herunterliest, dort der Priester, der in Berührung mit seinem heiligen Grund Eucharistie feiert. Da ist der Therapeut, der seine Sitzung mit dem Klienten absitzt, Interesse und Wärme vorgibt. Dort der Psychotherapeut, der ganz präsent ist, ein echtes Interesse für die Rat suchende Person empfindet. Der Arzt, der drei Patienten auf einmal behandelt, oder sich Zeit nimmt, einen Augenblick in Berührung mit seinem heiligen Grund, die Person, die er behandelt, anschaut. Dabei in diesem Augenblick etwas von dem heiligen Grund in sich spürt oder wenigstens erahnt.

Lebe ich aus meinem heiligen Grund heraus, hat das auch Auswirkungen auf meine Arbeit. Ich trete in eine Beziehung zu meiner Arbeit, sehe sie als eine Möglichkeit, meiner Heiligkeit Ausdruck zu verleihen. Dann sehe ich meine Arbeit nicht nur als etwas, das ich tue, um Geld zu verdienen, etwas, was ich hinter mich bringen muss, Gründe und Einstellungen, die es auch gibt und geben darf. Darüber hinaus sollte ich den Versuch wagen, in meiner Arbeit, in der Art, wie ich sie ausführe, Möglichkeiten zu entdecken, die meinen heiligen Grund sichtbar, spürbar, transparent machen.

Bruder Lawrence, ein einfacher Mönch, der im 17. Jahrhundert in einem französischen Kloster lebte und dort in der Küche für den Abwasch zuständig war, schreibt über seine Arbeit: »Die Zeit der Arbeit unterscheidet sich für mich nicht von der Zeit des Gebetes, und in all dem Lärm und Durcheinander meiner Küche, wo sich verschiedene Leute zur gleichen Zeit nach vielen unterschiedlichen Dingen erkundigen, habe ich Gott in der gleichgroßen Ruhe inne wie wenn ich vor dem Allerheiligsten knie« (vgl. Walsh 1999, 159).

Entscheidend ist, aus welcher Haltung heraus ich etwas tue. Es liegt an mir, ob ich meine Arbeit, durch die Art und Weise wie ich sie tue, zu etwas Heiligem mache. Ein Auto zu bauen, ja selbst die Arbeit bei der Müllabfuhr, kann zu einer »heiligen« Arbeit werden. Mir fallen die alten Brüder Aquilin und Benno in der Abtei Münsterschwarzach ein – der eine putzte die Fußböden im Speisesaal, der andere kümmert sich um die Gästetoiletten – die durch ihre Einstellung und Haltung zu ihrer Arbeit einen Hauch von Heiligkeit verbreiteten bzw. verbreiten.

Der Mystiker Thomas Merton (in: Ellsberg 2003, 46) berichtet von den Shakern, einer geheimnisvollen amerikanischen Vereinigung, die im 19. Jahrhundert in den Vereinigten Staaten lebte, dass die Möbelstücke, die sie herrichteten, von einer ganz besonderen einfachen Schönheit waren. Er meint: »Die besondere Anmut eines Stuhles, der von den Shakern hergestellt wurde, ist darauf zurückzuführen, dass er von jemandem hergestellt wurde, der in der Lage war, zu glauben, ein Engel könne kommen, um auf diesem Stuhl Platz zu nehmen.« Für mich ist das ein Beispiel dafür, wie ich einen Gegenstand beseelen, heiligen, etwas von meinem heiligen Grund in ihm zum Ausdruck bringen kann.

Wenn wir mit unserem heiligen Grund in Berührung sind, tief drinnen in uns, können wir in der Schöpfung, in der Natur, in unserer Umwelt das Göttliche, in unseren Mitmenschen Gott entdecken. »Ich habe die ungeheuer große Freude, ein *Mensch* zu sein, einer Gattung anzugehören, in der Gott selbst Fleisch geworden ist. Ach, könnten die Menschen doch sehen, dass sie alle wie strahlende Sonnen durchs Leben gehen«, rief Thomas Merton inmitten einer belebten Straße von Louisville aus, als er für einen Moment in Berührung mit seinem heiligen Grund einen Widerschein des

Göttlichen in den Menschen, die im in Louisville begegneten, sehen konnte. »Gott ist das Leben der Welt. Das Geheimnis ist nicht vom Leben entfernt, sondern tief in ihm, tiefer als die Einstellungen und Falschheit, die die heilige Präsenz bedeckt« (Newell 124).

Sehen und entdecken wir in uns, in unseren Mitmenschen, in unserer Schöpfung das Göttliche, dann hat das – hoffentlich – Auswirkungen auf unser Verhalten uns und anderen gegenüber. Wir sehen dann mehr, was uns miteinander verbindet. Wir steigern unsere Sensibilität, unser Mitempfinden, unser Mitleid für unsere Mitmenschen und unsere Schöpfung, zu denen die Tiere und die Pflanzen gehören. Wir bekommen wieder mehr ein Gespür dafür, dass wir miteinander verwoben sind, Teil der Schöpfung sind, auch aufeinander angewiesen sind. Uns wird bewusst, wie sehr wir uns möglicherweise aus dieser Verbundenheit herausgenommen haben, ja zur Zerstörung dieser Verbundenheit beigetragen haben, damit aber auch uns selbst und unserer Gesundheit Schaden zugefügt haben.

Aus dieser Sensibilität kann dann aber auch die Kraft erwachsen, diesen Teufelskreis zu durchbrechen und das uns Mögliche zu tun, die Störung in unserer Beziehung zu unserer Umwelt und zur Schöpfung zu beheben. Das kann mit so kleinen Dingen beginnen wie achtsamer gegenüber den Pflanzen zu sein. Ich denke an einen Text von Siegfried Lenz, der anlässlich des Todes von Locki Schmidt schrieb, wie er nach der Begegnung mit ihr, die sich ein Leben lang für einen achtsamen Umgang mit den Pflanzen eingesetzt hatte, nicht länger einfach eine Blume gedankenlos pflückte, um sie dann wieder wegzuwerfen.

Innehalten und dich selbst besuchen

»Heute besuche ich mich, hoffentlich bin ich zu Hause«, meinte der Komiker Karl Valentin. Das Bild vom heiligen Grund hilft mir zu verdeutlichen, was dabei geschieht. Wenn ich mich besuche, betrete ich meinen Innenraum. Ich richte meine Aufmerksamkeit auf mich.

Zum Beispiel am Beginn eines Tages: Ich stehe auf, gehe hinaus ins Freie, betrachte den Sonnenaufgang. Ich bin einfach da. Schaue. Staune. Im Schauen und Staunen komme ich mit meinem heiligen Grund in Berührung. Wenn ich im Eintauchen der mich umgebenden, faszinierenden, anziehenden Farben in meinen eigenen Grund eintauche, meinen Grund als Projektion im Sonnenaufgang entdecke. Ich ziehe meine Schuhe und Socken aus, laufe durch die kaltnasse Wiese. Gehe Schritt für Schritt, nur auf meine Schritte achtend, ganz im Augenblick verweilend. Ich breite die Hände aus, erfüllt von Dankbarkeit. Ich stimme das Taizé-Lied »Laudate omnes gentes« an, lasse die mir bekannten Verse aus dem Buch der Weisheit auf mich wirken (6,13): *»Die Weisheit ist strahlend und unvergänglich und lässt sich gleich erkennen von denen, die sie lieb haben. Sie kommt denen entgegen, die sie begehren und gibt sich ihnen zu erkennen. Wer sich früh zu ihr aufmacht, braucht nicht viel Mühe; denn er findet sie vor seiner Tür sitzen.«* Ich lasse die Weisheit einziehen in mein Haus, in meinen heiligen Grund.

Mehr muss ich gar nicht tun. Die Weisheit, Gott, bei mir hereinlassen. Der Tag hat begonnen. Ein neuer Tag hat begonnen, von dem ich nicht weiß, was er mir beschert, wie er enden wird. Da gibt es vieles, was auf mich einwirken wird und will, ich mir vorgenommen habe, tun, leisten muss. Ich werde von diesem und jenem abgelenkt, in Anspruch genommen, in die Pflicht genommen. Es liegt an mir, ob ich mich davon und dadurch weglocken oder wegziehen lasse. Allzu oft wird das der Fall sein. Geschieht das, habe ich nicht länger das Steuerrad in der Hand, bestimmt anderes und bestimmen andere mich. Will ich das verhindern, muss ich wieder den Kontakt zu meinem heiligen Grund herstellen, mich dort verankern. Das ist die große Kunst, die Zügel meiner Energie in der Hand zu behalten, sie nicht loszulassen. Immer wieder den Zustand zu erreichen, bei dem *ich* in der Lage bin, zu entscheiden und zu bestimmen, wo es langgeht.

Wenn ich mit meinem heiligen Grund in Berührung bin, ich bei mir zu Hause bin, steht mir meine Energie zur Verfügung, setze ich sie ein, um meinen Alltag, mein Leben zu gestalten. Solange ich in Berührung bleibe mit meinem heiligen Grund, bei mir bleibe, merke ich, ob ich zu viel von meiner Energie verbrauche, ich mich übernehme. Ich spüre dann, ob ich mich an dem von meinem Körper vorgegebenen Rhythmus orientiere oder mich davon entferne, mit dem Ergebnis, dass ich mit der Zeit meinen Körper überfordere und dementsprechend mit Müdigkeit, Ungeduld, Krankheit reagiere.

Solange ich mit meinem heiligen Grund in Berührung bin, spüre ich die Regungen meiner Seele, die mich daran erinnern wollen, nichts zu tun, was mich von mir entfernt, mich nicht länger in Berührung sein lässt mit meinen Möglichkeiten, aber auch mit meinen Grenzen. So ist es gut und wichtig, mir die Zeit zu nehmen, mich zu besuchen, einzukehren in den heiligen Bereich in mir und zwar regelmäßig, um zu gewährleisten, dass ich mit mir, meinem Innersten in Kontakt bleibe, mich von dort her bestimmen lasse, von dort her lebe und nicht von außen gesteuert.

Eine an unserer Gesundheit ausgerichtete Spiritualität wird uns immer wieder ermutigen, bei uns selbst einzukehren, um von dem heiligen Platz aus zu leben, der in uns selbst ist. Wenn wir in uns selbst verankert sind, spüren wir von innen heraus eine Souveränität und Autorität, eine Gewissheit, die uns bestimmt und menschenfreundlich zugleich auftreten lässt. Wir spüren in uns eine, unser Ego übersteigende Hingabefähigkeit und Bereitschaft, uns für andere oder eine besondere Sache einzusetzen. Wir spüren weiter aus der Tiefe unseres Herzens, was es meint, Gott aus ganzem Herzen, aus dem ganzen Gemüt und mit all unseren Kräften zu lieben und tun es dann auch.

Der heilige Grund in dir ist der Ort, in den du einkehrst, wenn du innehältst, um dich zu vergegenwärtigen. Dort bist du bei dir zu Hause. Dort bist du ganz bei dir. So bist du gut beraten, immer wieder an diesen Ort zurückzukehren, dich seiner zu vergewissern. Es ist ja auch der Ort, an dem du allein bestimmst, wo dir niemand reinreden kann. Es ist der Ort deiner größten Freiheit. Dort entscheidet sich, entscheidest du, ob du leben oder gelebt werden willst. So ist es gut, in Kontakt mit dem heiligen Grund in dir zu bleiben, deine Sensibilität dafür zu fördern. Dafür Sorge zu tragen, dass er nicht durch die Ablenkungen, manchmal auch den Müll des Alltags, verstopft wird und somit nicht länger für dich zugänglich ist.

Dein wahres Selbst leben

Aus deinem heiligen Grund heraus leben, heißt auch, dein wahres Selbst zu leben. Unser wahres Selbst ist dem Eisberg vergleichbar, der unter der Meeresoberfläche verborgen ist, über der als unser Bewusstsein die Spitze des Eisberges hervorragt. »In uns selbst finden wir unser tiefstes Selbst, unser wahres Selbst, wo wir erkennen, dass wir nicht nur mehr sind als wir uns vorstellten zu sein, sondern sogar mehr sind als wir uns vorstellen können. Wir sehen, dass wir eine Schöpfung des Heiligen sind, zunächst und für alle Ewigkeit verbunden mit dem Heiligen, und für immer gnadenvoll erfüllt und umfasst vom Heiligen« (Walsh 1999, 5).

In einer gewissen Weise steht der heilige Grund in dir auch für deinen heiligen Grund. Er ist das Schiff, das seinen Weg durch das Wasser bahnt. Mutig, zielgerichtet, mächtig. Es ist nicht ein schmächtiges, unansehnliches Etwas in mir. Der heilige Grund, das bist du selbst in deiner authentischsten Ausprägung und Willenskraft. Über deinen heiligen Grund erwächst dir eine Kraft und Macht, die aus dir selbst, da wo du am meisten du selbst bist, kommt.

Oft sind wir weit entfernt von unserem wahren Selbst. Dabei werden wir nur dann ganz und heilig, wenn wir dieses wahre Selbst immer mehr zur Entfaltung bringen. Auch wenn das heißt und verlangt, sich immer wieder vom selbst, jetzt kleingeschrieben, das für unser Ego steht, absetzen zu müssen, wenn es uns von unserem wahren Selbst, unserer eigentlichen Bestimmung, wegführen möchte. Heiligkeit bedeutet, unser wahres Selbst zur Entfaltung zu bringen. Unser Leben zu leben und nicht das Leben von diesem und jenem. In unserem heiligen Grund ist unser Leben angelegt, ständig darauf aus, gelebt, zur Entfaltung gebracht zu werden. »Heiligkeit bedeutet, der zu werden, der zu werden du berufen und bestimmt bist. Wer nicht er selber wird, hat nicht gelebt« (Thomas Merton). Heiligkeit bedeutet, das, was da ist, was an Möglichkeiten in uns angelegt ist, zu fördern.

Mit unserem heiligen Grund in Berührung zu kommen, aus unserem heiligen Grund heraus zu leben, kann daher auch heißen, mit unserer Ursprünglichkeit in Berührung zu kommen und sie zu leben. Dafür müssen wir uns oft erst von dem befreien, was uns abhält, zu unserer Ursprünglichkeit zu gelangen, wo wir ganz, echt und wahrhaftig sind. Tausend Dinge, die durchaus wichtig und auch notwendig sind, können uns davon abhalten. Kultur und Religion, die uns geprägt haben. Die Erziehung, die wir erhalten haben. Die Gesetze, Gebote und Regeln, die uns vermittelt wurden. Unser wahres Selbst kann übergangen werden durch Berufsentscheidungen, die nicht von unserem Selbst abgedeckt sind. Die Welt, in die wir uns »einkleiden«, das heißt, die Art und Weise, wie wir leben, was wir essen, womit wir uns unterhalten, auf welche Weise wir unsere Bedürfnisse, Wünsche und Sehnsüchte befriedigen, kann uns wegführen von unserem wahren Selbst – oder aber Ausdruck, Bestärkung und Erfüllung davon sein.

Konflikte, Krankheiten, Krisen können auftreten, wenn wir zu sehr abweichen von unserem wahren Selbst. Diese wollen uns dann darauf aufmerksam machen, dass wir nicht länger in Einklang mit unserem wahren Selbst leben. Der Mangel an Zufriedenheit, den wir erfahren, kann sich als »eine gnadenvolle Mitteilung« (Emeth/Greenhut 1991, 12) erweisen, dass unsere wahren körperlichen und seelischen Bedürfnisse nicht länger gestillt werden. So gesehen, kann sich manche Krise und Krankheit als Segen erweisen, insofern sie als ein Aufruf verstanden werden kann, uns wieder auf unser wahres Selbst und seine Bedürfnisse und Wünsche zu besinnen und dafür Sorge zu tragen, dass diese erkannt und so gut es geht berücksichtigt werden.

Das aber kann heißen, von lieb gewordenen Gewohnheiten, von denen wir glaubten, sie trügen zu unserer Erfüllung bei, Abschied zu nehmen. Das können Erwartungen sein, wie erfolgreich, geliebt, reich zu sein, ewig energiegeladen und jung zu bleiben. Einen Anspruch darauf zu haben, immer in geordneten Verhältnissen leben zu dürfen oder ein befriedigendes Sexleben zu führen usw. In manchen Fällen ist das mit weitreichenden persönlichen und beruflichen Veränderungen verbunden, wie Arbeitswechsel, Trennung von geliebten Menschen oder Abschied von Lebensträumen, die nicht von unserem wahren Selbst abgedeckt sind.

Aus deinem heiligen Grund heraus zu leben, schließt ein, dich von deinem heiligen Grund mitnehmen zu lassen, dich von ihm gestalten und bestimmen zu lassen. Bestimmen lassen kann heißen, darauf zu vertrauen, dass, wenn du dich auf die Dynamik einlässt, die aus deinem heiligen Grund entsteht, du immer mehr dein wahres Selbst verwirklichst, du immer mehr heilig wirst, immer mehr der wirst, der zu werden du berufen und bestimmt bist. Also dich der Freiheit, dem Schicksal, dem, was Gott in deiner persönlichen Entwicklung, in deinem allgemeinen Leben vorgesehen hat – zum Beispiel wann du stirbst und wie du stirbst – zu überlassen. Dein Leben so zu gestalten, dass darin dein wahres Selbst zum Ausdruck kommt, kann heißen, deinen heiligen Grund als Rahmen zu verstehen, der für dich zum Maßstab für dein Leben und die Art und Weise, wie du lebst und leben willst, wird. Das aber ist mit möglichen Einschränkungen, Verzichten verbunden. Das erfordert, an einer Stelle »Ja«, an einer anderen Stelle »Nein« zu sagen. Da kann der heilige Grund in dir auch zu einem Schutz, zu einer Begrenzung werden. Da gibt es Gedanken, Verhaltensweisen, die nicht in Einklang zu bringen sind mit meinem heiligen Grund, mit deinem wahren Selbst. Da steht dein heiliger Grund auch für Konturen.

Aus unserem wahren Selbst strömt wahre Liebe. Erst wenn die Liebe, die mir ein anderer Mensch schenkt, meinen heiligen Grund berührt hat, fühle ich mich wirklich geliebt. Genauso wie die Liebe, die ich einem anderen Menschen schenke, erst wirklich Liebe ist, wenn sie aus meinem heiligen Grund erwachsen ist. »Das wahre Selbst *ist* Liebe, die nicht zurückgehalten werden kann. Das wahre Selbst ist ein Brunnen, der sich auf andere und die Selbst-Hingabe ergießt. Wir müssen den Begrenzungen des Ego-Selbst entsagen, damit das wahre Selbst leben kann« (Emeth/Greenhut 1991, 15).

Lassen wir aber unser wahres Selbst leben, dann wäscht es aus uns alle Zweifel heraus, die wir kennen, z.B. ob wir wirklich liebenswert sind. Dann überlassen wir uns der Dynamik des wahren Selbst und der Liebe, die es ist. Ist die Liebe aber bei unserem heiligen Grund angekommen, haben keine Fragen, keine Zweifel mehr Raum. Dann gibt es nur noch Gewissheit. Dann ist die Liebe wirklich bei uns eingetroffen, hat Wohnung bei uns bezogen. Ist da. Bei uns. In uns. Jetzt stimmen wir in den Jubel Gottes über uns ein, »der uns mit göttlicher Liebe erneuert, der tanzt vor Freude über uns wie an einem Festtag« (vgl. Zefanja 3,17–18).

So ist dein wahres Selbst auch die Quelle deiner Liebe. Wenn diese Quelle sprudelt, du sie sprudeln lässt, will sie sich in Liebe verströmen. Viele Menschen erwecken den Eindruck, weit von dieser Quelle entfernt zu sein. Nicht in der Lage zu sein zu lieben. Ist es da nicht naiv, dennoch davon auszugehen, dass das für jeden Menschen grundsätzlich möglich ist?

Wenn du aus deinem wahren Selbst heraus lebst, fallen deine Vorurteile, Vorbehalte, Diskriminierungen, dein Statusdenken weg. Du wirst dir dann auf einer tieferen Ebene deines gleichen Ursprungs und deiner Verbundenheit mit der übrigen Menschheit bewusst. Du entdeckst deine eigene

Menschlichkeit und Unvollkommenheit und stellst fest, dass dich nicht länger die Etikette bestimmt, es Schwarz und Weiß, Richtig und Falsch – auch in deinem eigenen Leben – gibt. Dann übernimmt der kosmische Tanz die Führung in deinem Leben, nimmt dich einfach mit sich und setzt in dir frei, was als Ausdruck deines wahren Selbst in der Tiefe deines heiligen Grundes verborgen darauf wartet, gelebt zu werden: bedingungslos Lieben, leidenschaftliches Mitfühlen und Mitleiden, lieben im Herzen und durch die Tat.

Im Augenblick leben

Die Botschaft, die von meinem heiligen Grund ausgeht, ist eindeutig: im Augenblick leben. Der entscheidende Termin in unserem Leben ist das Jetzt und Heute, der Augenblick. Das, was vorüber ist, vorüber sein lassen können. Das, was noch nicht da ist, noch nicht da sein lassen. Sich immer wieder bewusst werden: Ich lebe, ich atme. Ich spüre den heiligen Grund in mir, genieße den Augenblick. Genieße und würdige, dass ich lebe. Lasse den leisen Jubel in mir aufsteigen, die leise Freude in mir um sich greifen, wenn die Schleier fallen, die Schatten verschwinden, die dieses tiefe Bewusstsein, dass ich lebe, bin, verdecken; dass ich aufgewacht bin und ob des Wunders meines Seins nur noch staunen kann und in der Tiefe meines Herzens mit meiner Seele anstimme: »Staunen nur kann ich und staunend mich freuen.«

Die Augenblicke, bei denen wir in Berührung mit unserem heiligen Grund wirklich präsent sind, sind die wichtigsten Momente in unserem Leben. Die Momente, die zählen, die Gewicht haben, sei es beim Liebesspiel, beim Beten, beim

Sprechen, beim Gehen, beim Betrachten einer Landschaft oder eines Kunstwerkes, beim Abwaschen. »Das Wasser, das an mir vorüberfließt, wird nie mehr an mir vorbeigehen«, sagt ein Rabbi zu einem Jungen, während sie den Fluss betrachten. Das Leben kann an uns vorbeirauschen, obwohl wir an den schönsten Plätzen der Welt sind oder waren und viel gesehen haben. Solange wir nicht wirklich präsent waren und sind, unser Leben nicht umfangen war und ist von unserem heiligen Grund, haben wir die uns geschenkte Zeit nicht genutzt, haben wir nicht wirklich gelebt.

Wenn ich in Berührung mit meinem heiligen Grund aus meinem heiligen Grund heraus lebe, würdige ich mein Leben als Geschenk. Als kostbares, einzigartiges Geschenk, jeden Tag, jede Stunde, jeden Augenblick. Ich würdige es in meiner Jugend, als Erwachsener und als alter Mensch. Ich würdige es in Krankheit und Gesundheit. Ich gehe respektvoll, rücksichtsvoll mit meinem Leben um. So wie ich mit etwas umgehe, das ich für heilig erachte. Schließlich hoffe ich, dass andere, wenn mein Leben zu Ende gegangen ist, meinem Leichnam mit Respekt begegnen und mir Respekt bekundet wird in der Art, wie ich bestattet werde. Heiligkeit heißt lebendig zu sein (»To be alive«) und nicht, wenn ich sterbe, feststellen zu müssen, dass ich nicht gelebt habe (Henry David Thoreau).

Huston Smith, Verfasser des Bestsellers *The World's Religion,* dem ich in Big Sur Esalen in Kalifornien begegne, über 90 Jahre alt, ist ein Mensch, der in der Gegenwart lebt. Ein Mensch, der die Frische und Spontaneität eines Kindes ausstrahlt. Der das Frühstück beginnt mit dem japanischen Wunsch bei Beginn des Essens: *Itadakimasu,* was heißt: ich esse oder es möge schmecken und zugleich ein Ausdruck der Dankbarkeit ist. Sein ganzes Sein ist in diesem Moment

Ausdruck von Dankbarkeit: Seine Augen leuchten. Sein Gesicht erstrahlt von seinem Lächeln. Seine Hände hebt er, wie der Priester die Hände in der Eucharistie beim Dankgebet. Freilich spontan und unkoordiniert. Auf dem Weg zu seinem Zimmer führe ich ihn. Tief gebeugt, sich mit der anderen Hand auf seinen Stock stützend, lässt er sich von mir führen. Ich spüre seine alte Hand in meiner Hand. Ein Greis, der sich immer mehr der Erde zuneigt, aus der er hervorgekommen ist und zu der er zurückkehren wird. Zumindest, was seinen Leib betrifft. Um dann irgendwann, wie er in einem Vortrag meinte, mit den Worten von Johannes Chrysostomos sein Leben auszuhauchen: »Preis, Lob für alles. Danke, danke für alles.«

Die Vergangenheit ist Geschichte,
die Zukunft ein Geheimnis,
dieser Augenblick ist ein Geschenk.
Deswegen wird er »das Präsent« genannt.
Unbekannter Verfasser

Leben kann nur im gegenwärtigen Moment empfunden werden. Es gibt so etwas wie das Sakrament des gegenwärtigen Augenblickes. Jeder Augenblick, den wir leben, ist ein Geschenk Gottes. Und jeder Augenblick ist ein Geschenk, ein Schatz in sich. Er bedarf keiner tieferen Bedeutung, um als heilig angesehen zu werden. Allein in diesem und aus diesem Bewusstsein heraus zu leben, heißt für viele, wach zu werden und zu sein für den heiligen Grund in uns. Heiligkeit zeigt sich in unserer Bereitschaft und Fähigkeit, in den alltäglichen Dingen Gottes Willen zu erkennen, den Schleier zu lüften, der ihn anscheinend verbirgt. Zum Beispiel Geduld zu haben, wenn wir in der Schlange stehen müssen, und uns in Geduld zu üben, wenn wir den Arm gebrochen haben. Manchmal hilft es, um für den Augenblick wieder sensibel zu werden, Dinge, die wir sonst ohne große Aufmerksamkeit darauf zu verschwenden tun, ganz bewusst auszuführen. Wenn wir uns dafür entscheiden, Verrichtungen ganz bewusst auszuüben, auch um dadurch innerlich und spirituell wacher und sensibler zu werden, können anscheinend belanglose Abläufe zu geheiligten Ritualen werden, die zu innerer Ruhe führen können. Roger Walsh (1999, 158) schlägt dafür folgende Übung vor.

AUFMERKSAMKEITSÜBUNG

Wähle eine bestimmte Aktivität aus, zum Beispiel das Öffnen einer Türe und verpflichte dich dazu, sie über eine bestimmte Zeit, vielleicht einen Tag lang, mit größtmöglicher Aufmerksamkeit zu tun. Das heißt, du machst an diesem Tag die Türen nicht einfach gedankenlos in aller Eile auf, vielmehr hältst du vor jeder Türe kurz inne, wenigsten so lange, wie es dauert, einmal kräftig einzuatmen. Dann näherst du dich behutsam dem Türgriff, spürst, wie er deine Hand berührt, drückst ihn langsam nach unten und öffnest achtsam die Tür. Dann gehst du durch den Eingang und schließt wieder ganz behutsam die Tür hinter dir. Diese Übung, die nicht länger als einige Sekunden dauert, lenkt deine Aufmerksamkeit auf den Augenblick, trägt zu deiner Beruhigung bei, verwandelt eine geistesabwesende Routine in ein achtsames heiliges Ritual.

Aus meinem heiligen Grund heraus leben heißt, sich nicht von dem, was war oder vielleicht sein wird, abhalten lassen, ganz im Jetzt zu leben. »Keiner, der die Hand an den Pflug gelegt hat und nochmals zurückblickt, taugt für das Reich Gottes« (Lukas 9,62). Das kann auch heißen, mir nicht die Fülle des Lebens zu versagen durch den Blick zurück oder nach vorne. »Ach, habe ich das wirklich mit eingepackt?« – »Hätte ich nicht doch lieber noch einen Tag früher an diesen Ort fahren sollen?« – »Wird es die nächsten fünf Jahre finanziell noch so gut gehen wie jetzt?« Alles verständliche, nachvollziehbare Fragen, in denen Überlegungen, Ängste, Befürchtungen stecken. Allein, sie halten uns davon ab, wenn wir ihnen viel Aufmerksamkeit schenken, ganz im Moment zu leben und alle Möglichkeiten, die uns zur Verfügung stehen, auch zu nutzen.

Mitten im Leben an das Grenzenlose angeschlossen sein

Wir kennen verschiedene Erfahrungen von Verbundenheit. Eine Form der Verbundenheit bezieht sich auf unser soziales Leben. Wir sind Teil eines sozialen Netzwerkes, das uns ein Gefühl von Zugehörigkeit vermittelt. Eine weitere Form von Verbundenheit ist die kulturelle Bindung: Jeder von uns ist in eine bestimmte Kultur hineingeboren, wird ein Teil von ihr. Unser Leben wird dadurch geformt, hier machen wir die Erfahrung von Heimat. Unsere Kultur vermittelt uns ein Gefühl von Identität. Darüber hinaus gibt es die Erfahrung der Verbundenheit mit etwas, das größer ist als wir selbst, das unsere eigenen Grenzen überschreitet. Für manche ist das die Verbindung mit einer höheren Macht, mit Gott, dem Universum.

Wenn du mit deinem heiligen Grund in Berührung bist und aus deinem heiligen Grund heraus lebst, darfst du die Erfahrung machen, mitten in deinem Leben und in deinem Alltag – jetzt schon – an das Grenzenlose, an Gott angeschlossen, Teil von etwas Größerem zu sein. Wenn du mit deinem heiligen Grund in Berührung bist, fühlst du dich sicher, gehalten, verbunden mit dem Ewigen.

Solange du mit diesem heiligen Raum in dir verbunden bist, spürst du eine große Gelassenheit. Bist du doch in Berührung mit etwas, das unzerstörbar ist, mit etwas, das mehr und größer ist als alles, was außerhalb von dir geschieht. Solange du mit diesem heiligen Raum in dir in Berührung bist, bist du ganz, heilig, gesund. Von diesem Ort geht heilige, heilende, dein Heil bringende Kraft aus. Diese heilige, heilende, das Heil bringende Kraft benötigst du für deine Gesundheit und Heiligkeit.

Um ganz zu sein, das aber heißt auch heilig und gesund sein zu können, müssen wir die Erfahrung machen, Teil eines Größeren zu sein, mitten im Leben an das Grenzenlose angeschlossen zu sein. Nicht nur darum zu wissen, sondern erfahren. Solange wir diese Erfahrung nicht machen, wir uns ihr gar bewusst verschließen, sind wir nicht ganz, geschweige denn heilig. Wir sind dann aber auch nicht gesund.

Die Erfahrung zu machen, angeschlossen zu sein an etwas, das größer ist als wir selbst, trägt dazu bei, dass wir uns als lebendig erleben. Als Teil dieses Größeren. Wir sind uns dessen bewusst, spüren es, akzeptieren es. Sind eingebunden in eine Welt, eine Sphäre, die eine schützende und heilende Schicht um uns breitet (vgl. Dietrich Bonhoeffer). Wir erfahren uns als Akteure in einem Spiel, von dem es in dem berühmten Lied von Joseph von Eichendorff heißt: »Und keiner kennt den letzten Akt, von allen, die da spielen, nur der da droben schlägt den Takt, weiß, wo das hin will zielen.« Entscheidend ist dabei: Wir spielen mit, sind mit von der Partie. Wir leben. Leben. Leben, so wie die Buche, die einfach da ist und lebt. Einfach so.

Unser Leben ist nicht länger isoliert. Ist dadurch auch weniger anfällig für seelische Krankheiten wie Depressionen, wissen wir uns doch und erfahren das dann auch als eingebunden in etwas Größeres, gehalten von etwas Größerem, von Gott.

Philipp Newell berichtet von einem jüdischen Mann, der als Junge einem Rabbi begegnete, der im Wasser stand und sich, während er auf hassidische Weise betete vor und zurück bewegte. Der Rabbi sagte zu ihm nur das eine: »Das Wasser, das wir jetzt vorbeifließen sehen, wird niemals wieder bei uns vorbeifließen.« Daraufhin betete der junge Mann mit dem Rabbi, während er im Wasser stand und sich schweigend hin und her bewegte. Die rhythmischen Bewegungen und das beständige Fließen des Wassers ließen ihn mit der Zeit einschlafen. Als er aufwachte, lag er in den Armen des Rabbi, der weiterhin – sich hin und her bewegend – im Gebet verharrte. Der Rabbi sagte nichts zu ihm, sondern schaute in seine Augen und lächelte (2000, 123). Gott ist da. Immer. Selbst am Ende der Welt (vgl. Matthäus 28,20).

Wenn du mit deinem heiligen Grund in Berührung bist, wenn du in deinem Allerheiligsten lebst und von dort aus deinen Alltag, deine Beziehungen lebst, du alles, was du tust, in ständiger erfahrener Verbundenheit mit dem heiligen Grund tust, fühlst du dich umfangen von Gottes Gegenwart. Du bist mitten im Leben und zugleich in deinem Allerheiligsten. Du lässt dich von deinem Alltag nicht davontragen, stellst dich ihm, gestaltest ihn, lebst ihn. Da du von deinem heiligen Grund aus lebst, lebst du auch deinen Alltag bewusst, von deinem Grund aus. Du huschst nicht über ihn hinweg. Du bist da. Lebst da. In einer Begegnung, bei einer Verrichtung, beim Betrachten einer Landschaft. Du spürst dein Sehnen, deine Trauer, siehst das verlegene Lächeln des Kindes, bemerkst die Resignation des Kollegen, fühlst die Trauer des Partners. In Berührung mit deinem heiligen Grund, umfangen von Gottes Gegenwart in deinem Allerheiligsten, bist du in deinem Alltag dafür sensibel, in den Menschen, denen du begegnest, an den Plätzen, an denen du arbeitest, in den Städten, in denen du wohnst, in der Landschaft, die du besuchst, Gottes geheimnisvolle Gegenwart zu entdecken. Es hängt von dir ab, ob du sie entdeckst. Solange du aber nicht mit dem heiligen Grund in dir selbst in Berührung bist und von dort aus lebst, wird das nur sehr schwer – wenn überhaupt – möglich sein.

»So schaue ich aus nach dir in deinem Heiligtum,
wollte gerne sehen deine Macht und Herrlichkeit«
(Psalm 63,3).
Von meinem heiligen Grund aus,
dort wo mein ursprüngliches Leben fließt,
schaue ich nach dir in deinem Heiligtum.
Da bin ich bereits in deinem Heiligtum.
Da bin ich bei dir.
Da befinden wir uns in Einklang miteinander.
Da sehe ich deine Macht und Herrlichkeit.
Da kann ich nur noch,
will ich nur noch,
»dich loben mein Leben lang« (Psalm 63,5).

Wieder staunen und uns wundern können

Es ist das eine, von Heiligkeit zu sprechen, und das andere, Heiligkeit zu erfahren. Dabei ist das Entscheidende, das Heilige zu erfahren. Eine der zutreffendsten Beschreibungen von der Erfahrung des Heiligen ist die Beschreibung des Heiligen als *tremendum et fascinosum,* als furchterregend und faszinierend. Es ist dieses Gefühl, das man mit heiligem Schauer umschreiben könnte. Es ist ein Staunen und sich Wundern. Ein heiliges Erschrecken. Ein tiefes Berührtsein. Ein Gefühl von Erhabenheit. Wir spüren, erahnen in diesem Moment Nähe oder Anwesenheit einer höheren Macht.

Heiligkeit erfahren wir jetzt schon in dem Himmel in uns, unserem heiligen Grund, dem Ort der Ewigkeit, den Gott in uns hineingelegt hat. Heiligkeit verströmen wir, wenn wir in Berührung mit unserem heiligen Grund unseren Alltag leben und gestalten. Unsere Quelle, aus der heraus wir leben und von der her wir uns bestimmen lassen, der heilige Grund in uns selbst ist. Wenn du mit deinem heiligen Grund in Berührung bist und aus deinem heiligen Grund heraus lebst, kann das dazu führen, dass du wieder staunen und dich wundern kannst.

Ist uns diese Fähigkeit nicht längst verloren gegangen? Wann hat dich das letzte Mal Staunen ergriffen im Bewusstsein, dass du lebst? Ja, wann hast du das letzte Mal – wenn überhaupt – aufgeschrieen, gejauchzt, überwältigt zum Beispiel von dem Gefühl zum Leben erkoren worden zu sein? Am ehesten spüren wir das noch bei der Geburt eines Kindes. Ansonsten scheint uns das Leben eingebunden, geprägt und manchmal auch eingesperrt in Konventionen, wenig Anlass zu geben, uns über die Tatsache, dass wir leben, zu freuen, ob dieses Wunders zu staunen und uns zu wundern.

Es sei denn, wir betten unser Leben in einen größeren Kontext ein. Wir reduzieren es nicht auf die Konvention, die Gesellschaft, den Alltag. Diese gehören zu unserem Leben, verlangen ihren Tribut, müssen von uns ernst genommen werden. Auch müssen die Möglichkeiten, die sie uns bescheren können, gewürdigt werden. Doch das muss und darf uns nicht davon abhalten, in Kontakt mit der anderen Welt zu bleiben oder den Kontakt mit ihr zu suchen. Gelingt uns das, können wir unser von Konventionen bestimmtes Leben relativieren. Wir schauen von einer höheren oder tieferen Warte aus auf unser Leben. Aus der Distanz, die uns zugleich ermöglicht, in Distanz zu unserem konventionellen Leben zu treten. Das bringt uns wieder mehr in Berührung mit unserem heiligen Grund, der Person Nr. 2.

Wenn wir staunen können, ist für uns nicht alles selbstverständlich und erklärbar, sind wir in der Lage, uns zu entgrenzen. Wir sind dann nicht eingesperrt in ein System von festgelegten Abläufen, Erklärungen und Zusammenhängen. Wir sind dann in der Lage zur Ekstase, also aus uns herauszugehen. Wir sehen in diesem Augenblick etwas auf einer tieferen Ebene, wir spüren, erfahren etwas, was unser übliches Denken und Fühlen übersteigt.

Wir kommen in diesen Augenblicken des Staunens mit unserem tiefsten inneren Selbst in Berührung. Dem großen Geheimnis in uns selbst, dem göttlichen Kind, dem Buddha, dem Jesus in uns. Wir wissen nicht länger um unsere Heiligkeit. Wir erfahren uns in unserer Heiligkeit. Wir gelangen auf diese Weise an einen geheimnisvollen Ort in uns selbst, von dem eine starke, heilende Kraft ausgeht. Eine Kraft, die uns die Erfahrung vermittelt, mit etwas verbunden zu sein, das mehr ist als wir erfassen und erkennen können. Aus einer solchen Erfahrung erwachsen Gelassenheit und Zuversicht, wird Glauben zu einer heilsamen Erfahrung, bei der wir mit Papst Johannes XXIII. sagen können:

Wer Glauben hat, der zittert nicht.
Er ist nicht pessimistisch eingestellt.
Er verliert nicht die Nerven.
Glaube – das ist die Heiterkeit, die von Gott kommt.

Es ist die Fähigkeit, über den eigenen Tellerrand sehen zu können. Unser Leben aus der Distanz heraus betrachten zu können. Uns selbst – wie es in einem Gebet mit dem Titel »Der Fremde in uns« heißt, das ich in einem Hotelzimmer in Kalifornien entdeckt habe – als Reisende zu sehen, die von Geburt bis zum Tod zwischen den Ewigkeiten reisen. Wir bleiben nicht ewig an dem hängen, was uns fehlt, was uns beschäftigt, sondern gehen weiter. Wir überlassen uns, unser Leben, dem Schicksal, Gott. Wir können uns darauf einlassen, weil wir uns nicht länger von dem bestimmen lassen, was augenblicklich zu sein hat, was uns angeblich zusteht. Wir sind befreit, gereinigt von Vorstellungen und Erwartungen, den Himmel auf Erden zu erreichen. Wir sind dankbar für unser Leben, dass wir überhaupt erwählt wurden, das Licht des Lebens schauen zu dürfen. Und akzeptieren, auch wenn sich zunächst alles in uns dagegen aufbäumt, dass es jederzeit und irgendwann auf alle Fälle wieder ausgelöscht wird.

Staub bist du und zum Staub wirst du zurückkehren. Doch zunächst sind wir Staub. Der Erde entnommen. Und wir werden der Erde zurückgegeben. Und wir sind gut beraten, uns, solange wir auf Erden sind, in Einklang mit dieser Erde zu verhalten. Im Grunde genommen können wir uns auch gar nicht anders verhalten. Freilich, ohne auch nur einen Augenblick zu vergessen, dass wir auch Anteil am Himmel, am Göttlichen haben. Und jetzt wird es spannend, auch weil es uns ein Leben lang unter Spannung hält: zum einen dem von der Erde vorgegebenen Rhythmus zu folgen, zum anderen mit Gott im Rücken dem inneren Rhythmus zu folgen und dabei den uns gegebenen Spielraum der freien Entfaltung zu nutzen. Das alles herauszufinden, kann sehr schwierig sein. Es ist schwierig. Aber es bleibt uns nichts anderes übrig, als es ein Leben lang herauszufinden, uns dabei auch zu irren und zu korrigieren.

Die Grenze unserer Bewegungsfreiheit liegt da, wo ein Überschreiten der Grenze dazu führt, dass wir nicht länger ganz sind, wir von etwas abgeschnitten werden, was zu unserer Ganzheit gehört. Wir uns nicht länger in Einklang mit dem Himmel und der Erde befinden. Geschieht das, sind wir nicht länger ganz, heilig. Wir werden krank, sind krank. Wir sind dann entweder abgeschnitten von unseren Wurzeln, die uns mit der Erde verbinden, oder wir fühlen nicht länger unsere Seele, die den Kontakt mit dem Ewigen, dem heiligen Grund in uns, herstellt.

Zu schön, um wahr zu sein?

Wenn ich das so klar und wie selbstverständlich schreibe, mag manches zu schön klingen, unrealistisch erscheinen. Damit kann ich leben. Es bedarf, um das zu erfahren, um das zu ermöglichen, was ich beschreibe, der Bereitschaft, zu akzeptieren, dazu Ja zu sagen, dass es in dir einen heiligen Grund gibt. Um dich dann immer wieder auf diesen heiligen Grund zu konzentrieren, im wahrsten Sinne des Wortes, in ihn einzutauchen. In ihm zu leben. Dich im Meditieren, im Betrachten, im Innehalten, im Beten in deinen heiligen Grund hineinzuversetzen. Mit ihm in Berührung zu kommen. Dich von allem zu reinigen, was dich daran hindert, mit ihm in Berührung zu kommen, oder was dazu beiträgt ihn zuzudecken, ihn zuzumüllen. Es liegt an dir, wie du den Tag beginnst, gestaltest, beendest. Wie viel Zeit der Besinnung, der Ruhe, du dir gönnst. Was du in dich hineinlässt. Wie du dich abgrenzt. Und: ob du wirklich präsent bist, da bist. Ganz. Jetzt.

AUFMERKSAMKEIT

Um mit unserem heiligen Raum in Berührung zu kommen, können uns Übungen helfen, die unsere Aufmerksamkeit und Wachheit gegenüber unserem heiligen Grund fördern. So die folgende von Robert Lax (2006, 116f.):
»Es gibt eine Heiligkeit des Augenblicks, der gerade stattfindet. Es kommt also alleine darauf an, auf den Augenblick zu achten. ... Es kann helfen, wenn man sich drei Dinge merkt: Da ist Gott, da bist du, und da ist der Augenblick. Jeder Augenblick ist dabei wie ein Geschenk. Und weil er das ist, kannst du dich entspannen, und gehe dann in den Augenblick, und höre so gut wie möglich auf ihn. ... Am liebsten höre ich auf die Klänge, die an die Stille von Eden erinnern. Das ist kein stilles Geschrei nach Aufmerksamkeit. Das ist einfach da, wie der Wind am Meer, oder wie wenn es regnet. Ich höre gerne dem Wind zu. Alles, was auf die kleine leise Stimme hindeutet. Denn alles andere kommt aus dieser Stimme her, wenn du dafür empfänglich bist.«

Das kann eine gute Übung sein, um mit dem eigenen Heiligtum, dem heiligen Grund in Berührung zu bleiben. Aus dieser ununterbrochenen Verbundenheit mit dem eigenen heiligen Grund heraus in den Alltag zu gehen, den Alltag zu gestalten, und den Alltag zu sehen. Aus der eigenen Tiefe heraus, die Tiefe in der Welt und in den Menschen zu sehen.

SCHWINGE EIN IN DEN KOSMISCHEN TANZ

Heilig zu sein ist eine große Herausforderung

Heilig zu werden, das ist eine große Herausforderung. Vielleicht die größte. Aber sie ist zu erlangen. Wenn du heilig werden willst. Es wird dein Leben verändern. Radikal. Radikal kommt von *radix,* dem lateinischen Wort für Wurzel. Heilig werden zu können – jetzt schon auf Erden – wird dich von Grund auf verändern.

Du lebst dann von deinem heiligen Grund aus und nicht länger – nur – von den Notwendigkeiten, den Gegebenheiten, den Erwartungen her. Du lebst dann tatsächlich, inmitten von alledem, was dein Leben bestimmt, dich – beruflich, gesellschaftlich, kirchlich, familiär – festlegt.

Du schwingst ein in den kosmischen Tanz, der seinen eigenen Rhythmus kennt, mit dem du DEN verherrlichst, der dir den Rhythmus für diesen Tanz vorgegeben hat und der will, dass du ihm folgst, dich seiner Führung überlässt.

Wenn du in Berührung bist mit dem heiligen Boden, dem Grund in dir, einschwingst in den kosmischen Tanz, bist du ganz, heilig. Dieser Tanz findet statt, unabhängig davon, ob du ihn wahrnimmst oder nicht. Wenn du ihn aber wahrnimmst und dich von ihm mitnehmen lässt, ist das der Augenblick, an dem du jetzt schon, mitten in deinem alltäglichen Leben, mit dem Grenzenlosen verbunden bist. Eins bist mit dem Kosmos, mit Gott. Du schaust tiefer. Du erlebst und erfährst dich aus der Tiefe. Du reihst dich bewusst ein in den ewigen Reigen des Lebens und Sterbens. Den heiligen Rhythmus, der keinen Anfang und kein Ende hat und dennoch Geburt und Sterben, Leben und Tod – und die Auferstehung? – kennt.

Unter allem Offensichtlichen wabert das eigentliche Leben

Denn hinter allem Offensichtlichen, das unseren Alltag zu bestimmen scheint, wabert das eigentliche Leben. Das ursprüngliche Leben. Mit dem es in Berührung zu kommen gilt, das es immer wieder in unser Bewusstsein zu heben gilt. Das ursprüngliche Leben ist einfach da, fließt, atmet. Du musst es nicht anstoßen. Es nimmt dich mit sich. Bei deiner Hinwendung an Gott, wenn du die Augen schließt, trägt es dich hin zu ihm. Ohne Anstrengung und Pflichtübung.

Das ursprüngliche Leben, dein eigentliches Leben unterspült alles, was du denkst und tust. Es lässt geschehen, was geschehen soll, lässt sich nicht einengen durch Moral oder auf Höhepunkte. Der Rhythmus dieses eigentlichen, ursprünglichen Lebens ist oft anders als der Rhythmus des Alltags und der Arbeit. Du tust gut daran, immer wieder in seinen Rhythmus einzuschwingen, dich von ihm in deinem Alltag und in deiner Arbeit bestimmen zu lassen. Um so in Einklang mit deinem ursprünglichen Leben zu leben.

Das ist der Moment, an dem du dich einklinkst in den kosmischen Tanz des Lebens. Der ursprünglichen Melodie deines Lebens folgst. Der Melodie der Schöpfung und deines Schöpfers. Ohne Hast, Druck, Stress. Um jetzt auch alle in dir vorhandenen Kraft zuzulassen und verströmen zu lassen für dich, deine Mitmenschen, deine Mitwelt, deine Umwelt, Gott. Um aus der Fülle des ursprünglichen Lebens heraus die Fülle des Lebens zu kosten und zu verschenken. Damit aber dich selbst und Gott zu verwirklichen, Wirklichkeit in deinem Leben werden zu lassen.

Gott spielt im Garten seiner Schöpfung

Bereits Friedrich Nietzsche spricht von diesem kosmischen Tanz, der uns bei allem Verwurzeltsein in bestimmten familiären, religiösen, kulturellen Bahnen einem Rhythmus folgen lässt, der diese Vorgegebenheiten wenigstens für Momente überschreitet, um dabei das zu berühren, worum es eigentlich geht, was uns Menschen, die Erde, die Tiere, die Schöpfung miteinander verbindet. In den Worten von Thomas Merton (2010, 403f.) heißt das:

> »*Auf jeden Fall spielt Gott im Garten seiner Schöpfung und vergnügt sich darin und wenn wir es fertig brächten, unser eigenes Bessersein von dem, was wir für den Sinn von allem halten, loszuwerden, könnten wir fähig sein, seinen Ruf zu hören und ihm in seinen geheimnisvollen kosmischen Tanz hinein folgen. Wir müssen gar nicht weit gehen, um Klänge von diesem Spielen und Tanzen her zu hören. Wenn wir allein unter dem von Sternen übersäten Nachthimmel stehen, wenn*

wir zufällig im Herbst einen großen Schwarm Zugvögel zur Rast und Nahrungsaufnahme in einen Wacholderhain einfallen sehen, wenn wir Kindern in einem Augenblick zuschauen, in dem sie ganz Kinder sind, wenn wir im Herzen tiefe Liebe verspüren oder wenn wir wie der japanische Dichter Basho einen dicken Frosch mit einem einzigen Platsch in einen stillen Teich landen hören – dann sind das alles Augenblicke, in denen wir jäh erwachen können, uns alle Werte auf den Kopf gestellt werden, uns das ›Neusein‹, die Leerheit und die Reinheit von allem aufgeht. Und das ist dann wie ein kurzes Aufblitzen des kosmischen Tanzes.«

Tanze den kosmischen Tanz
Wache auf, spüre:
Du lebst
Fliege mit den Vögeln
Wachse mit den Bäumen
Treibe mit den Wellen
Lebe
Ausgelassen als Kind
Voller Kraft in der Jugend
Mit Tatendrang als Erwachsener
Langsam als alter Mensch

Falle nie aus dem Rhythmus des kosmischen Tanzes. Lasse dich nie so zudecken oder zumüllen, dass dein Bewusstsein von Leben, zu leben, dabei eingetrübt oder anscheinend ausgelöscht wird, du dieses unerhörte, unbegreifliche Geschenk – jetzt, heute – zu leben, nicht länger würdigen kannst. Lasse dich auf Erfahrungen ein, die es dir ermöglichen, immer wieder wenigstens für Momente ein Gespür dafür zu bekommen, was es heißt zu leben, Gottes Kind zu sein, den Tanz des Lebens bewusst mitzutanzen. Dich von ihm davontragen zu lassen. Geführt von dem ersten und großen Tänzer, der weiß »wo das hinführen will«.

Tanze ausgelassen den kosmischen Tanz

»Wir sind zum Tanz eingeladen, sollen uns selbst bewusst vergessen, unsere schreckliche Feierlichkeit ablegen und einfach ausgelassen mittanzen«, schreibt Thomas Merton (2010, 404). So lade ich auch dich ein, dich selbst zu vergessen, deine schreckliche Feierlichkeit abzulegen und ausgelassen den kosmischen Tanz zu tanzen.

> *»Der Herr segne dich! Er erfülle deine Füße mit Tanz und deine Arme mit Kraft. Er erfülle dein Herz mit Zärtlichkeit und deine Augen mit Lachen. Er erfülle deine Ohren mit Musik und deine Nase mit Wohlgerüchen. Er erfülle deinen Mund mit Jubel und dein Herz mit Freude. Er schenke dir immer neu die Gnade der Wüste: Stille, frisches Wasser und neue Hoffnung. Er gebe uns allen immer neu die Kraft, der Hoffnung ein Gesicht zu geben. Es segne dich der Herr«* (Segen aus Afrika).

LITERATUR

Jörg Albrecht: Jedem sein zweites Leben, in: Frankfurter Allgemeine Sonntagszeitung vom 21. Juni 2009, Nr. 25, 49.
Benedikt XVI.: Deus caritas est, Nr. 10.
Joseph Campbell: The Power of Myth, New York 1991.
Sean Coughlan: Wake up to the Joys of Sleep, in: The Irish Times, 15. April 2009, S. 15.
Madeleine Debrel. Gott einen Ort sichern, hrsg. von Annette Schleinzer, Ostfildern 2002.
Karlfriedrich Graf Dürckheim: Vom doppelten Ursprung des Menschen. Als Verheißung, Erfahrung, Auftrag, Freiburg 1984.
Robert Ellsberg, The Saints' Guide to Happiness, New York 2003.
Elaine V. Emeth/Janet H. Greenhut: The Wholeness Handbook. Care of Body, Mind, and Spirit for Optimal Health, New York 1991.
Christian Feldmann: Was uns unbedingt angeht, in: Publik-Forum Nr. 11, 4. Juni 2004.
Hans-Volkmar Findeisen: Frei gemauert in der Erde, in: Frankfurter Allgemeine Sonntagszeitung vom 20. März 2011, Nr. 11, 8.
Dwight Garner: Meaning of Silence in a Noisy World, in: Süddeutsche Zeitung vom 31. Mai 2010.
Richard J. Gilmartin: Pursuing Wellness. Finding Spirituality, Mystik, CT 1996.
Josef Goldbrunner: Heiligkeit und Gesundheit, Freiburg 1946.
Josef Goldbrunner: Seelsorge – eine attraktive Aufgabe. Bausteine zu einer Pastoraltheologie, Würzburg 1990.

Woty Gollwitzer-Voll (Hrsg.): Du bist mein Arzt. Gebete für kranke Menschen, München 2003.
Kathleen Hall: Alter your Life, Oak Haven 2009, in: Los Angeles Times vom 15. August 2009.
Daniel Hell: Was stimmt? Depression. Die wichtigsten Antworten, Freiburg 2008.
C.G. Jung: Der Mensch und seine Symbole, Olten 1988.
C.G. Jung: Ein großer Psychologe im Gespräch. Interviews, Reden, Begegnungen, Freiburg 1994.
Lavina Kase: The Confident Leader: How the Most Success People go from Effective to Exceptional, Mc Graw-Hill, 2009.
Guido Kreppold: Jesus – Heiland oder Medizinmann? Regensburg 2000.
Antje Krug: Heilkunst und Heilkult. Medizin in der Antike, München 1993.
Robert Lax: Mit Robert Lax die Träume fangen, Freiburg 2006.
Kenneth Leech: Soul Friend. The Practice of Christian Spirituality, San Francisco 1977.
Manfred Lütz: Lebenslust. Wider die Diät-Sadisten, den Gesundheitswahn und den Fitness-Kult, München 2002.
Thomas Merton: Der Mönch und die sieben Stufen. Ein Leben in Selbstzeugnissen, Düsseldorf 2000.
Thomas Merton: Christliche Kontemplation. Ein radikaler Weg der Gottessuche, München 2010.
J. Philipp Newell: Echo of the Soul. The Sacredness of the Human Body, London 2000.
Joseph Ratzinger: Einführung in das Christentum, München 2005.
Ronald Rolheiser: Entdecke den Himmel in dir. Eine Spiritualität für das 21. Jahrhundert, München 2002.

Huston Schmith: The World's Religions, New York 2009.
Saint-Thierry: Meditative Gebete, 1993.
Francis Thompson: Health and Holiness, London 1905.
Henry David Thoreau: Walden oder das Leben in den Wäldern, Zürich 1979.
Henry David Thoreau: Aus den Tagebüchern 1837–1861, hrsg. von Susanne Schaup, Oelde 1996, 37
Francis Thompson: Health and Holiness, London 1905.
Roger Walsh: Essential Spirituality, New York 1999.
Andrew Weil: Aging naturally, in: TIME Oktober 2005, 48–56.
James D. Whitehead and Evelyn Eaton Whitehead, Holy Eros, New York 2009.
Rainer Wieland: Das Buch der Tagebücher, München 2010.
Meike Winnemuth: Wohlsein, in: Süddeutsche Zeitung Magazin vom 7. Januar 2011, Nr. 1.
Richard J. Woods: Wellness. Life, Health and Spirituality, Dublin 2008.

Weitere Bücher von Wunibald Müller

Religion&Spiritualität

ICH WÜNSCH DIR EINEN
SEELENFREUND
Über Beziehungen die tragen
ISBN 978-3-466-36846-4

VERSCHWIEGENE WUNDEN
Sexuellen Missbrauch in der
katholischen Kirche erkennen und
verhindern
ISBN 978-3-466-37000-9

Jeder Mensch hat ein Bedürfnis nach tiefen Beziehungen, in denen echte Verbundenheit und wahres Verstehen möglich sind: nach Seelenfreundschaften. Der Autor zeigt, was eine Seelenfreundschaft auszeichnet, wie man sie finden und pflegen kann. Er führt uns die Vielfalt und Kostbarkeit von Seelenfreundschaften vor Augen.

Wunibald Müller kennt die Situation sexuellen Missbrauchs in der Kirche aufgrund seiner täglichen Arbeit bestens. Er analysiert hierarchische Beziehungen, die zum Missbrauch führen können, und liefert spirituell und therapeutisch tragfähige Hilfestellungen, um der dramatischen Situation präventiv und nachhaltig zu begegnen.

www.koesel.de   Sachbücher & Ratgeber

Mein Ratgeberportal – **villa**vitalia**.de**